하나님의 임재와 기도의 능력을 경험하며
승리하는 삶이 되시길 기도합니다.

_____ 님께

_____ 드림

시대를 바꾼 존 웨슬리의 기도

HOW TO PRAY: THE BEST OF JOHN WESLEY ON PRAYER

Copyright © 2007 by Barbour Publishing, Inc.
All rights reserved.
Korean translation copyright © 2010 by NCD Publishers
Korean translation rights arranged with Barbour Publishing, Inc.
through Winfried Bluth.

이 책의 한국어판 저작권은 Winfried Bluth를 통한
Barbour Publishing, Inc.와의 독점계약으로 도서출판 NCD에 있습니다.
저작권법에 의하여 한국 내에서 보호를 받는 저작물이므로
무단전재와 무단복제를 금합니다.

시대를 바꾼 존 웨슬리의 기도

존 웨슬리 지음 | 강선규 옮김

도서출판 NCD

| 추천사 |

"존 웨슬리는 어머니의 철저한 신앙 교육과 기도 덕분에 감리교 창시자가 되었다. 그는 89세의 긴 생애와 66년의 목회 생활 동안 은혜의 수단인 성만찬과 철야기도회, 새벽기도회와 영성일기, 말씀묵상기도 등을 통해 성령 충만을 사모하였다.

이 책은 성령 충만했던 웨슬리의 은혜의 수단인 기도를 구체적으로 조명해 줌으로써, 독자로 하여금 매일 경건의 수련과 사랑을 실천하고, 아침저녁으로 한 시간씩 기도하고 간구하며 주님을 만나는 것을 가장 큰 기쁨으로 삼고 싶은 도전을 받게 한다.

하나님의 은혜와 기적을 맛보는 기도를 통해 모든 사람이 행복해하는 평화의 관계를 만들고, 사랑과 덕으로 모든 사람들을 섬기는 크리스천이 되고 싶다면, 이 책을 일독하기 바란다.

책장을 넘기며 행간에 살아 숨쉬는 웨슬리의 기도를 배우고, 소명과 성화체험을 가진 좋은 크리스천으로 성장하는 아름다운 경험을 하게 되기를 바란다. 이 책을 통하여 한국 성도들이 작은 예수로 성숙하기를 바란다. 예수님의 성품과 예수님의 생활을 본받는 성화의 영성으로 충만하기를 바란다. 그리하여 한국 교회를 갱신하고 성숙시키며 세계를 살리는 영적 부흥운동을 일으키는 일에 쓰임 받는 글로벌 리더가 되길 바란다."

김홍기 박사 _감리교신학대학교 총장

"존 웨슬리의 유산 중에서 그의 신학과 일기, 삶과 사상에 대한 연구는 비교적 많이 이루어졌다. 하지만 웨슬리의 인생을 지탱했다고 할 수 있는 기도에 대한 관심은 상대적으로 적은 편이었다. 그런 상황에서 웨슬리가 기도에 대해 가지고 있던 생각과 묵상을 다룬 책이 출간됨으로써 그의 기도를 재조명할 수 있는 기회가 생겨서 매우 기쁘다. 기도에 대한 영감 있고 감동 어린 글로 가득 찬 이 책을 모든 목회자와 성도들에게 추천하는 바이다."

목창균 박사 _서울신학대학교 총장

"급변하는 시대에 살고 있는 우리에게는 세상의 변화를 읽는 능력이 필요하다. 그런데 세상의 모든 변화는 하나님께서 주도하신다. 그러므로 이 변화는 하나님과의 깊은 교제가 있어야 읽을 수 있다. 현재 우리가 맞닿아 있는 상황보다 그 너머에 있는 이상을 바라볼 수 있는 시야는 세상을 바라보기보다는 하나님을 바라보며 기도할 때 넓어지고 깊어진다. 비록 현재 상황이 어려울지라도 하나님의 지혜로 현상 너머에 있는 그 이상을 보는 눈으로 세상을 맞이할 수 있게 된다.

세상의 변화를 주도하는 하나님께 기도하며 시대의 변화를 읽는 눈으로 세계를 변화시킨 존 웨슬리는 이 책을 통해 오늘 이 시대 크리스천들에게 왜 기도를 해야 하고, 그 기도가 나의 삶에 어떤 변화를 일으키며, 어떻게 교회 공동체와 시대를 변화시킬 수 있는지를 생생하게 보여 준다.

강한 기도 훈련은 세상의 어떤 상황에서도 당당한 하나님의 일꾼으로 살아갈 수 있도록 해 준다. 기도에 대한 확실한 동기 부여를 받고, 적극적이고 헌신적으로 기도하는 모습으로 변화되어 자신이 속한 공동체와 시대를 변화시키는 크리스천이 되길 원한다면 존 웨슬리처럼 기도할 것을 권면한다."

박성민 목사 _한국대학생선교회(C.C.C) 대표

"많은 사람들이 기도에 대해 생각할 때 기도를 얼마나 많이 하는가에 관심을 가지는 것 같다. 그러나 그것보다 중요한 것은 어떻게 기도할 것인가 하는 것이다. 기도의 분량보다 기도의 방향과 내용이 더 중요하다는 말이다. 기도로 살았던 웨슬리 목사님의 실제적인 경험이 녹아 있는 이 기도서는 진정한 기도생활에 대한 탁월한 이해를 제공해 줄 것이다."

유기성 목사 _선한목자교회 담임목사

"한 역사가는 웨슬리를 통한 부흥이 있었기에 당시 영국은 프랑스가 겪었던 유혈 혁명을 겪을 필요가 없었다고 증언한 바 있다. 웨슬리는 누구보다 바쁜 인생을 살았던 사람이다. 그러나 그에게 삶과 기도, 사역과 기도는 분리되지 않았다. 그에게는 삶이 기도였고, 사역이 곧 기도였다. 그는 말을 타고 달리면서도 기도의 끈을 놓지 않았다. 그의 기도가 한 시대를 깨우고 역사를 새롭게 한 부흥의 열쇠였다. 이 책은 오늘의 한국 교회가 필요로 하는 진정한 부흥의 비밀을 깨우치고 있다. 기도에 목말라하고 부흥에 목말라하는 모든 영혼들에게 이 책을 추천하고 싶다."

이동원 목사 _지구촌교회 담임목사

"이 책은 18세기 영국 사회를 변화시킨 존 웨슬리의 기도를 쉽고 간결한 문체로써, 감동적이며 입체적으로 보여 준 탁월한 책이다. 특히 삶의 현장 속에서 어떻게 기도하며 변화를 일으켰는지를 구체적으로 보여 주고 있어 유익하다.

예를 들어 개인기도를 통해 자신의 내면을 어떻게 세워야

하고, 잠은 몇 시간을 자는 게 좋으며, 식사할 때는 어떤 자세가 좋은지, 또 중보기도를 통해 다른 사람을 어떻게 세워야 하는지 등에 대한 지침을 제공해 주고 있다. 그리하여 평신도에게는 자신의 죄악을 회개하고 하나님과 이웃에 대한 사랑을 불러일으키는 기도의 도전을, 목회자에게는 깊고도 심오한 설교자로서의 기도하는 삶에 대한 도전을 안겨 준다.

'세계는 나의 교구'라고 외치며 행복한 삶을 살고 거룩한 죽음을 맞이한 웨슬리처럼, 이 책을 통해 이 시대에 제2의 웨슬리, 제3의 웨슬리가 등장하여 말씀과 기도의 능력으로 성숙한 인격을 갖추고, 개인과 가정의 성결을 이루며, 지역사회와 국가를 변화시키는 기도의 거인이 나오길 기원한다."

이요한 박사 _목원대학교 총장

《시대를 바꾼 존 웨슬리의 기도》를 추천하게 된 것을 매우 기쁘게 생각한다. 왜냐하면 웨슬리는 기도가 그리스도인의 삶에 있어서 매우 중요하다는 것을 성경에 근거하여 가르칠 뿐만 아니라 자신의 삶으로 보여 준 인물이기 때문이다.

웨슬리는 전통적인 의미에 있어서 신학자이기보다는 목회자였다. 성경을 가르치고, 복음을 전파하며, 박애봉사를 실천한 목회자였다. 목회자로서 웨슬리가 강조한 바들 가운데 하나는 '은혜의 수단'이다. 하나님은 무상으로 은혜를 베푸시는 분이시며 우리가 그 은혜를 받기 위하여서는 수단들(means)이 반드시 필요하다는 것이다. 그리고 기도가 하나님의 은혜를 받는 수단으로써 매우 중요하다는 것이다. 하나님의 은혜를 무상으로 받기 원하는가? 그렇다면 웨슬리의 가르침을 따라 기도를 '은혜의 수단'으로 삼아 열심히 기도하기 바란다.

이 시대는 예수님의 본을 따라 기도했던 웨슬리처럼 기도하는 사람들을 찾고 있다. 이 책을 읽고 실천하시는 가운데 성령님의 충만하신 임재를 체험할 수 있기를 십자가와 부활의 주님 예수 그리스도의 이름으로 기원하는 바이다."

임승안 박사 _나사렛대학교 총장

"오늘의 한국의 사정은 18세기의 영국사회의 타락상과도 흡사한 면이 많다. 18세기의 영국은 정치계, 경제계 그리고 사회 전반이 부패하고 있었다. 아니, 교회 자체도 부패하고 있었다. 그러나 웨슬리의 운동으로 인하여 교회는 활기를 회복하였고 사회 전반에 새로운 역사가 일어났다. 그리하여 영국은 이웃 나라 프랑스와는 달리 피비린내 나는 혁명이 아닌 색다른 혁명, 곧 정신적 혁명이 일어남으로 새로워졌던 것이다. 이에 학자들은 갱신의 역사적 모델로서 존 웨슬리의 신앙 운동을 들고 있다.

그러나 웨슬리의 운동이 교회와 사회 전반에 걸쳐 큰 변화를 가져온 이유는 성화를 강조하는 그의 선교로 인해 영적인 부흥 운동이 시작되었기 때문이다. 그리고 그런 영적 운동에는 웨슬리의 뜨거운 성령체험과 영성 수련이 있었으며, 특히 그 바탕에는 웨슬리의 기도생활이 있었다. 이에 우리는 웨슬리의 기도생활에 대한 깊은 관심을 가지게 된다.

여기에 기도에 대한 웨슬리의 글 《시대를 바꾼 존 웨슬리의 기도》가 번역되어 출판된 것은 기쁜 일이 아닐 수 없다. 많은 성도가 이 책을 통하여 웨슬리의 기도에 대한 가르침을 받아 기도의 영성 수련에 들어가게 되기를 바라며 이 책을 적극 추천하는 바이다."

조종남 박사 _전 서울신학대학교 총장, 한국웨슬리학회 초대 회장

"하나님을 사랑하는 사람에게 기도보다 더 생산적이고 중요한 일은 없다. 하나님과 함께할 수 있는 시간이기 때문이다. 기도는 하나님의 자녀가 하나님과 대화할 수 있는 엄청난 특권이다. '아바 아버지'라 부르짖고 주님의 이름으로 구할 때, 기대를 넘어선 놀라운 응답의 역사를 누리게 된다. 기도를 통해 일상에서 벌어지는 사건들을 더 높은 세계, 즉 하나님의 시각으로 보는 눈이 열린다. 따라서 올바르게 현실을 파악하고 지혜롭게 대처하며 선한 열매를 맺기 원한다면 기도해야 한다.

하나님을 사랑한 존 웨슬리는 이러한 기도의 비밀을 잘 알고 일생 동안 깊이 기도한 설교자이다. 기도는 우리의 협소한 시점을 변화시켜 하나님의 시각을 갖게 한다. '하나님은 왜 인간이

기도하는 대로 역사하시지 않는가?' '나는 왜 하나님이 원하시는 대로 행동하지 않는가?' 이 두 가지 질문에 대한 답을 이 책에서 찾게 될 것이다.

 웨슬리는 기도가 하늘이 주시는 에너지를 받는 통로임을 잘 알았다. 예수님조차도 사역에 필요한 힘을 기도를 통하여 공급받으셨기 때문이다. 웨슬리의 기도를 통해 하나님의 뜻과 내 뜻이 양립불가능할 때 하나님께 맡기는 기도, 내가 변하는 기도를 드릴 수 있게 된다. 이 책을 통해 기도의 목적인 하나님의 뜻을 구하는 기도, 기도의 과정인 내가 그분의 뜻에 일치하는 기도를 하게 되기를 기대한다. 그리하여 모든 크리스천이 웨슬리처럼 기도하여 예수님을 닮아가고 능력 있는 삶을 살게 되기를 기원한다."

한기채 목사 _중앙성결교회 담임목사

| 저자 소개 |

존 웨슬리를 말한다

존 웨슬리 목사는 키가 작았지만, 당대의 어떤 인물들보다 탁월한 영적 거인이었다. 하나님은 존 웨슬리와 찬송가 작곡가인 그의 동생 찰스 웨슬리를 사용하셔서 은혜와 믿음, 회개와 칭의 그리고 성화에 대한 성경적이고 복음적인 진리로 그 당시 영국을 뒤흔들어 새롭게 하셨다. 부흥의 불길은 런던에서 시작되어 영국제도의 수천 개 작은 마을과 도시로 퍼져갔고, 대서양을 건너 아메리카 식민지에까지 이르렀다.

존 웨슬리는 1703년 영국의 작은 마을 엡워드에서 영국 국교회 목사의 대가족의 일원으로 태어났다. 그는 옥스퍼드에서 교육을 받았으며 영국 국교회 성직자로 안수를 받았다.

그는 조지아로 가는 선교 여행에서 한 무리의 독일 모라비안 교도들을 만나게 되는데, 그들의 경건과 단순하면서도 확실한 믿음에 깊은 감명을 받았다. 런던으로 돌아온 그는 모라비안 지도자인 피터 뵐러에게 많은 도움을 받았다. 그리고 1738년 올더스게이트 거리의 모임에 참석했다가, 누군가가 마틴 루터의 《로마서 주석》 서문을 읽는 것을 듣다가 '이상하게 마음이 뜨거워지는 체험'을 하게 되었다. 그때 하나님이 자신의 죄를 용서하셨다는 구원의 확신을 얻게 되었다.

이상하게 마음이 뜨거워지는 체험을 한 후, 그는 새로운 열정으로 설교하기 시작했다. 그런데 오래 지나지 않아 영국 국교회가 웨슬리에게 강단을 빌려 주기를 거부하자, 웨슬리는 동료인 조지 횟필드에게 격려를 받고, 야외에서 설교하며 복음을 전하기 시작했다. 그는 전도하며 영국 사회에서 가장 무시당하던 계급의 사람들에게 관심을 갖고 다가갔다. 그가 설교하기 시작하면 대부분 수천 명이 넘게 모였는데, 3만 명이 넘게 모였던 경우도 여러 차례 있었다.

50년이 넘는 세월 동안, 웨슬리는 영국과 웨일즈와 스코틀랜드를 오갔고, 아일랜드 해를 가로질러 아일랜드까지 수차례나 여행했다. 그는 쉼 없이 복음을 전파했으며, 신자들과 진리를 묻는 자들을 여러 형태의 회합으로 조직하였다. 존 웨슬리는 이런 회합들을 '순회'하며 방문하였고, 그가 지명하거나 협력했던 설교가들이 방문을 하기도 했다. 그의 사후에 이 회합들은 신생 감리교회의 근간이 되었다.

초기 감리교 부흥운동은 '실험적'(우리가 경험적이라고 말하는)으로 생생한 믿음을 표현하는 존 웨슬리의 설교와 찰스 웨슬리의 찬송 사역으로 시작되어 결국 영국 사회를 변화시키는 데 이르렀다. 존 웨슬리는 계속 '사랑으로 수고하는 믿음'이 마음과 삶을 변화시킨다는 설교를 하였다. 그리고 내적인 성결과 외적인 성결을 강조하는 책들을 집필했다.

자신의 설교가 출판물을 통해 공격받을 때 비판에 예민하게 반응하기는 했지만, 철학적이거나 사변적인 신학에는 관심을 갖지 않았다. 대신 "임박한 진노를 피하라"고 경고하는 설교에 집중했다. 그리고 완벽한 사랑을 추구하고, 온 마음과 생각과 영과 힘을 다하여 하나님을 사랑하라고 권면하는 일에 헌신하였다.

존 웨슬리는 1791년 런던에서 생을 마감했다. 그는 "하나님이여 불쌍히 여기소서. 나는 죄인이로소이다"라고 고백하면서, "가장 좋은 것은, 하나님이 우리와 함께 계신 것이다"라고 읊조리며 주님 품에 안겼다.

| 서문 |

더 자주, 더 효과적으로 기도하라

존 웨슬리(John Wesley)는 많은 야외설교와 저서들, 찬송 그리고 가난한 사람들을 향한 연민으로 유명하다. 또한 '세계는 나의 교구'라고 외치며 세계 선교에 헌신할 만큼 엄청난 에너지를 가진 사람으로도 명성이 높다. 웨슬리는 4만 번 이상의 설교를 했으며, 말을 타고 돌아다닌 거리가 32만 킬로미터가 넘을 정도다. 이 모든 놀라운 성취의 저변에는 오랫동안 깊이 기도한 습관이 자리 잡고 있다.

이 책은 웨슬리가 왕성하게 사역하였던 원동력이 되는 기도에 대해 정리하기 위해 그의 여러 저작들, 즉 설교와 저서, 일기와 팸플릿 등의 모든 자료를 참고하여 심도 있는 기도 내용을 정리한 것이다. 그는 '주기도문'에 대해 설명하기도 하고, 구원과 성화와 같이 삶의 다른 영역들에서 기도가 어떤 영향을 미치는지 직접 보여 준다. 그리하여 모든 기독교적 활동에서 가장 필수적인 '기도'에 대한 유용한 통찰을 제공한다.

웨슬리는 "하나님의 은혜를 갈구하는 모든 사람들은, 먼저 기도하면서 주님의 뜻을 기다릴 줄 알아야 한다"고 했다. 그의 말에 의하면, 기도는 진실로 '시간을 보내는 가장 유용한 방법'이다. 웨슬리의 기도에 대한 통찰이 이 글을 읽는 독자에게 더 자주, 더 효과적으로 그리고 더욱 주님을 영화롭게 하는 기도를 하도록 도전하는 도구가 되기를 소망한다.

당신이 소유한 모든 것을 가지고 하나님을 찬양하며

당신이 원하는 모든 것에 대해 그분을 신뢰하십시오!

_존 웨슬리

당신은 지금 어떠한가?

너희는 믿음 안에 있는가 너희 자신을 시험하고.
_고린도후서 13:5

하나님의 말씀 가운데 규정되어 있는 표징들을 따라 하나님으로부터 난 사람은 자기가 그분의 자녀라는 것을 잘 알고 있습니다. 믿음의 확신이 있는 것입니다. 말씀에 근거하여 구원의 표징을 갖고 있는 사람은 바로 이 순간에 당신이 보기에, 그리고 하나님이 보시기에 그분의 자녀인지 아닌지 감지할 수 있고 진실을 알 수 있습니다.

정말 중요한 질문은 이것입니다. "당신은 지금 어떠

합니까? 지금 당신의 마음에 양자의 영이 있습니까?" 당신 자신에게 물어보십시오. 당신 마음은 지금 성령이 거하시는 성전입니까? 지금 그분이 당신 안에 거하고 계십니까?

어쩌면 당신이 세례를 받을 때 고백했던 말 때문에 안도하고 있을 수도 있습니다. 하지만 그리스도의 영광의 영이 지금 당신 안에 머물러 있는지 점검해 봐야 합니다. 혹시 당신 안에 있었던 그 빛이 다시 어둠이 되지는 않았습니까? 이 글의 결론부터 말하면, "당신은 거듭나야 한다"는 것입니다.

당신은 하나님의 자녀들의 표징이 무엇인지 알고 있습니다. 그들의 영혼에 이 표징을 가지고 있지 않은 사람이라면 누구나, 세례를 받았는지의 여부에 상관없이, 반드시 거듭나야만 합니다. 거듭나지 않으면 의심할 여지 없이 영원한 형벌에 처하게 됨을 단언할 수 있기 때문입니다. 따라서 간절히 주님께 기도하기 원합니다.

"주, 예수님! 당신의 얼굴을 구하기 원하는 사람들이 모두 양자의 영을 받아 당신을 '아바, 아버지'라고 부를 수 있게 하옵소서. 그들이 당신의 이름을 믿을 뿐만 아니라, 당신의 피를 통한 구속과 죄 용서함을 알고 느낄 수 있는 능력을 갖게 하옵소서."

기도의 방법

그러므로 너희는 이렇게 기도하라.
_마태복음 6:9

예수 그리스도는 우리가 무엇을 위해 기도해야 하고, 어떻게 기도해야 하며, 무엇을 바라고 갈망해야 하는지 잘 아십니다. 또한 어떤 자세로 구하는 것이 하나님을 가장 기쁘시게 하며 우리에게 최선인지 가장 잘 알고 계십니다. 따라서 그분은 우리에게 가장 완벽하고 보편적인 기도의 양식을 가르쳐 줄 수 있습니다. 그 기도는 우리의 모든 실제적인 필요들을 포함하여 우리가 바랄 수 있는 모든 합법적 갈망들을 보여 줍니다.

주님의 말씀으로 기도의 완전한 안내서를 제공하여 우리에게 충분한 기도훈련을 시키십니다. 그분은 우리에게 "이렇게" 기도하라고 지침을 주십니다. 진정한 기도를 하기 원한다면 때로는 '바로, 이런 말로, 적어도 이런 방식으로' 기도하라고 가르쳐 주십니다. 이 기도는 "간결하고, 친밀하며, 충분하게" 하는 기도입니다.

주님의 기도는 세 부분으로 구성되어 있습니다. 서문, 청원, 결론이 그것입니다. 여기에서는 서문을 살펴보겠습니다.

"하늘에 계신 우리 아버지여"라는 문구는 기도의 보편적인 기초를 말하고 있습니다. 하나님이 내 기도를 들으실 것이라는 확신을 갖고 기도하기에 앞서, 먼저 하나님을 어떤 분으로 인식해야 하는지 가르쳐 주고 있습니다. 또한 우리가 기도 가운데 하나님께 나아갈 때 믿음과 겸손 그리고 하나님과 이웃에 대한 사랑을 가지고 나아가야 함을 알려줍니다.

"우리 아버지"라는 말은 하나님 아버지가 우리 모두에게 선하고 은혜로우신 분이며, 우리의 창조자, 우리의 보호자, 우리 주님의 아버지이심을 나타냅니다. 또한 그분 안에 있는 우리들, 곧 은혜로 입양되어 그분의 자녀가 된 우리들의 아버지를 나타냅니다. 그분은 나의 아버지일뿐 아니라 우주의 아버지이시며, 천사들과 인류의 아버지가 되십니다.

"하늘에 계신"이라는 말은 하늘과 땅에 충만하시며 하늘과 땅의 모든 만물을 붙들고 계신 분을 나타냅니다. 하나님은 모든 피조물들과 그들이 이룬 모든 업적들, 영원부터 영원까지 일어날 수 있는 모든 사건들을 하나하나 상세하게 아시는 분입니다. 그러므로 만물을 관리하고 처리하는 통치자이신 전능하신 하나님을 매 순간 기억하며 살아가길 기원합니다.

일용할 양식: 음식과 은혜를 구하는 기도

오늘 우리에게 일용할 양식을 주옵시고.
_마태복음 6:11

주님이 가르쳐 주신 기도의 두 번째 부분은 여섯 개의 청원으로 이루어져 있습니다. 이 여섯 개의 청원 중 먼저, 네 개를 살펴보도록 하겠습니다.

첫째, "이름이 거룩히 여김을 받으시오며"는 다음과 같은 사실을 나타냅니다. '오 아버지, 당신은 진실로 모든 지성적 존재들에게 알려진 분이십니다. 그 지식에 어울리는 찬송을 받으시옵소서! 하늘에 있는 것이나 땅에 있는 모든 것들에게, 모든 천사들과 모든 사람에게,

마땅히 받아야 할 존경과 사랑과 경외를 받으시옵소서!'

둘째, "나라가 임하시오며"는 다음과 같은 사실을 나타냅니다. '당신의 나라가 속히 임하여 이 땅의 모든 나라를 다스리게 되기를 원하나이다! 온 백성들이, 그리스도를 왕으로 모시고 진정으로 예수님의 이름을 믿게 하옵소서! 그들이 영원히 예수 그리스도와 함께 다스리기 위해 당신의 영광의 나라로 옮겨가기까지 의와 평화와 기쁨과 거룩함과 행복으로 충만하게 하옵소서.'

셋째, "뜻이 하늘에서 이루어진 것같이 땅에서도 이루어지다"라는 말은 이것입니다. '이 땅에 사는 모든 사람들이 기꺼이 당신의 뜻을 행하게 하옵소서! 거룩한 천사들이 그러하듯, 어떤 방해도 받지 않고 계속해서 기쁨으로 당신을 섬기게 하옵소서. 또한 천사들이 그러하듯, 당신의 뜻을 한치도 어김없이 행하게 하옵소서. 오, 은혜의 성령님! 영원한 언약의 피로, 그들이 당신의 뜻을 행하는 모든 선한 일에 온전하게 하시고, 당신이 기

뻐하시는 일을 그들 안에서 행하시옵소서!'

넷째, "오늘"(우리는 내일을 생각하지 않습니다) "우리에게 일용할 양식을"이란 말에 주목하십시오. '오, 아버지! 우리의 영과 몸에 필요한 모든 것들, 먹고 없어질 고기만이 아니라, 거룩한 빵 그리고 영생까지 이어질 양식인 당신의 은혜를 주옵소서' 라는 사실을 나타냅니다. 여기서 은혜를 "주옵시고"라는 말은 '우리에게 그럴 권리가 전혀 없지만, 값없이 주시는 당신의 자비를 구하나이다' 라는 뜻을 담고 있습니다.

결국, 그 나라가 주님의 것이다

나라와 권세와 영광이 아버지께 영원히 있사옵나이다 아멘.
_마태복음 6:13

주님이 가르쳐 주신 기도의 두 번째 부분인 여섯 개의 청원 중 마지막 두 개의 청원은 이것입니다.

첫째, "우리가 우리에게 죄 지은 자를 사하여 준 것같이 우리 죄를 사하여 주옵시고." 이 말은 다음과 같이 기도하라는 것입니다. '오 주님, 당신의 피로 우리를 구속하시고, 우리 죄를 용서하여 주옵소서. 당신이 우리로 하여금 다른 사람의 죄를 용서하는 은혜를 주신 것처럼, 우리의 모든 죄를 온전하게 용서하여 주옵소서.'

그리스도인의 마음의 주된 갈망은
하나님의 영광이 되어야 합니다.

둘째, "우리를 시험에 들게 하지 마옵시고, 다만 악에서 구하옵소서"는 이런 기도를 나타냅니다. '우리의 모든 연약함을 도우시는 주님, 우리가 시험을 당할 때마다, 우리가 그 유혹에 넘어가 고통당하지 않도록 피할 길을 주셔서 우리가 주님의 사랑으로 모든 죄와 죄의 결과를 능히 이기게 하옵소서.'

그리스도인이 마음으로 바라는 주된 갈망은 하나님의 영광(9-10절)입니다. 그리스도인이 자기 자신이나 다른 사람들을 위해 원하는 것은 영과 몸의 '일용할 양식'과 죄의 용서 그리고 죄와 사탄의 권세로부터 구원받는 것(11-13절)이 전부입니다. 이외에 더 구할 것이 없습니다. 그러므로 하나님의 영광을 구하는 기도는 그리스도인의 모든 갈망을 아우릅니다. 영생은 거룩함의 확실한 결과이자 그 완성입니다.

결론입니다. "나라와"는 '존재하는, 혹은 이제까지 창조된 만물에 대한 주권'을 나타냅니다. "권세와"는 '영원한 나라에서 만물을 다스리는 경영권'을 말합니다. "영광이 아버지께"는 '하나님 아버지의 권세와 하나님 아버지가 행하신 모든 놀라운 일들, 그리고 하나님 나라의 위대함을 향해 모든 피조물들이 드리는 마땅한 찬양'을 하는 것입니다. 그것이 모든 세대에, "영원히 있사옵나이다. 아멘."

경건의 일을 이루는 최고의 수단은,
은밀히 하는 것이든 많은 회중과 함께하는 것이든,
'기도' 임에 틀림없습니다.
그리고 말씀묵상과 읽기, 듣기를 비롯한
'말씀을 추구하는 모든 활동'을 포함합니다.
또한 성만찬에 참여하여 그분을 기억하며
빵을 떼고 포도주를 마시는 것입니다.
우리는 이런 수단들이 사람의 영혼에
하나님의 은혜를 전달해 주는 일상적인 채널로
하나님이 지정하신 방법이라고 믿습니다.

_존 웨슬리

자신을 깨우는 기도

잠자는 자여 깨어서… 그리스도께서 너에게 비추이시리라.
_에베소서 5:14

당신 자신을 발견하십시오! 당신이 불행하게도 스스로 자기 자신을 속이는 부류의 사람이라면, 깨어나십시오! 당신이 가진 자신감은 당신이 하나님의 자녀라는 사실에 근거를 두고 있습니까? 확실하게 모든 원수를 대적할 수 있는 증거를 예수 그리스도의 이름 때문이라고 믿고 있는 게 맞습니까?

당신의 자신감이 예수 그리스도로부터 기인된 것이 아니라면 매우 슬픈 일입니다. 당신을 저울에 달아보니

당신이 기쁨을 느끼고 있는 것들이
주님 안에 근거를 두고 있지 않다면
아무런 가치가 없는 게 많습니다.

부족한 점이 발견되었습니다. 주님의 말씀이 당신의 영을 시험하여 보았더니 사람들이 내버린 은(렘 6:30)으로 판명되었습니다. 당신의 마음은 겸손하지 않고, 무엇보다 아직 예수의 영을 받지 않았습니다. 당신은 부드럽고 온유한 성품 대신 참을성이 없고 조급한 성품을 가지고 있습니다. 그러므로 당신이 기쁨을 느끼는 것들에는 아무런 가치가 없는 게 많습니다. 그것은 주님 안에 있는 기쁨이 아니기 때문입니다.

    당신은 그분의 계명을 지키지 않습니다. 그러므로 당신은 그분을 사랑하지도 않고, 성령과 함께하는 사람도 아닙니다. 그것은 하나님의 말씀이 증거하는 것만큼이나 확실하고 분명합니다. 따라서 하나님의 성령은 당신이 하나님의 자녀라는 것을 당신의 영에게 증거해 줄 수 없습니다.

당신의 눈에서 비늘이 벗겨져서 하나님이 당신을 아는 대로 당신이 자기 자신을 직면할 수 있도록 주님 앞에서 우십시오. 당신은 가련하고, 아무런 자격도 없으며, 지옥에 떨어질 수밖에 없는 죄인입니다.

죽은 자를 일으키시는 주님의 음성을 들을 때까지 기도하십시오. 그리고 당신 안에서 사형선고를 받아들이도록 기도하십시오. 마침내 하나님의 성령이 "담대하라. 네 죄가 사하여졌다. 평안히 가라. 네 믿음이 너를 온전케 하였다"라고 말씀하시며, 당신이 하나님의 자녀라고 당신의 영에게 증거해 주실 때까지 기도하십시오.

구하라, 찾으라, 문을 두드리라

구하라 그러면 너희에게 주실 것이요.
_누가복음 11:9

하나님의 은혜를 갈망하는 사람들은, 무릎을 꿇고 기도하며 주님의 은혜를 기다립니다. 이것은 우리 주님이 친히 가르쳐 주신 확실한 길입니다. 예수님은 산상설교에서 신앙이 무엇으로 이루어져 있으며, 그 주된 요소가 무엇인지 구체적으로 설명한 후에, 이렇게 덧붙이십니다. "구하라 그리하면 너희에게 주실 것이요 찾으라 그리하면 찾아낼 것이요 문을 두드리라 그리하면 너희에게 열릴 것이니 구하는 이마다 받을 것이요 찾는 이는 찾아낼 것이요 두드리는 이에게는 열릴 것이니라"(마 7:7-8, 눅 11:9-10). 예수님이 이 말씀을 통해 권고하는 바는 이것입니다. 어떤 것을 받기 위한 수단이나 원하는 것을 구하고, 값진 진주 같은 하나님의 은혜를 발견하기 위해 찾으며 하나님의 나라에 들어가고자 한다면, 문을 두드리며 계속해서 구하고 찾으라는 것입니다.

주님은 우리에게 확신을 주시기 위해, 자녀에게 좋은 선물을 주고 싶어 하는 아버지의 비유를 말씀해 주시고 이렇게 마무리하십니다. "하물며 너희 하늘 아버지께서 구하는 자에게 성령을 주시지 않겠느냐"(눅 11:13).

예수님은 구하는 것을 얻을 수 있는 약속의 말씀을 주시며 효과적인 방법을 가르쳐 주십니다. 그리고 어떻게 기도해야 하는지에 대한 기도 방법을 가르쳐 주십니다. "너는 기도할 때에 네 골방에 들어가 문을 닫고 은밀한 중에 계신 네 아버지께 기도하라 은밀한 중에 보시는 네 아버지께서 갚으시리라"(마 6:6).

기도와 인내

주여… 기도를… 우리에게도 가르쳐 주옵소서.
_누가복음 11:1

주님은 기도를 가르쳐 달라는 제자들의 요청에 응답하신 다음에 곧바로, 하나님의 선물을 받기 원한다면 반드시 기도해야 한다는 사실을 강조하십니다.

예수님은 한밤중에 일어나 친구에게 떡 세 덩이를 꾸어 달라고 부탁하는 한 남자의 이야기를 들려주십니다. 친구의 요청을 들어줄 마음이 없을지라도 끈질기게 간청하면, 괴로워서라도 일어나서 그가 원하는 것을 준다는 이야기입니다. 예수님은 이 예화를 말씀하시며

"내가 또 너희에게 이르노니 구하라 그러면 너희에게 주실 것이요"라고 단언하십니다.

'끈질기게 구하는 것' 즉 전혀 받지 못할 것을 하나님께 받을 수 있는 방법을 이 예화보다 더 선명하게 밝혀 주는 말이 있겠습니까?

예수님이 '항상 기도하고 낙심하지 말아야 할 것'과 하나님께 얻고자 하는 것을 끈질기게 구해야 할 것을 다시 한 번 '비유로 말씀' 해 주고 계십니다(눅 18:1).

"어떤 도시에… 한 재판장이 있는데 그 도시에 한 과부가 있어 자주 그에게 가서 내 원수에 대한 나의 원한을 풀어 주소서 하되 그가 얼마 동안 듣지 아니하다가 후에 속으로 생각하되 내가 하나님을 두려워하지 않고 사람을 무시하나 이 과부가 나를 번거롭게 하니 내가 그 원한을 풀어 주리라"(눅 18:2-5).

주님은 하나님께 밤낮 부르짖는 자들에게 말씀을 적용해 주시며 이런 결론을 내립니다.

"내가 너희에게 이르노니 속히 그 원한을 풀어 주시리라" (눅 18:8).

영혼의 어둠을 치유하는 기도

여호와여 나를 살피시고 시험하사.
_시편 26:2

모든 경우에 영적인 문제의 해결책이 동일하다고 가정하는 것은 엄청나게 치명적인 실수입니다. 그렇지만 이것은 보편적으로 범하는 잘못이기도 합니다. 몸의 질병을 치료하는 것과 마찬가지로, 영적 질병을 치료하는 방법도 그 원인만큼이나 다양합니다. 따라서 가장 중요한 것은 원인이 무엇인지 밝히는 것입니다. 원인을 알게 되면 자연스럽게 치료 방법도 알게 됩니다.

예를 들어, 지금 당신의 영혼을 침체시키는 원인이

죄입니까? 그렇다면 구체적으로 어떤 죄입니까? 당신의 양심은 당신이 죄를 범하여 성령을 근심하게 하고 있다고 말하고 있습니까? 원인을 알고 은밀한 죄를 회개하여 예수님의 빛을 회복하고 평화의 관계를 맺게 되면, 영혼의 어둠은 물러갈 것입니다.

혹은 영혼을 침체시키는 원인이 마땅히 해야 하는 것을 행하지 않은 죄일 수도 있습니다. 당신은 다른 사람의 죄를 주목하며 그 사람을 비난합니까? 다른 사람의 죄를 볼 때 하나님이 주신 은혜의 수단인 공적 기도와 가족 기도, 개인기도를 하면서 자신의 죄를 이기고 있습니까?

익히 알고 있는 기도의 의무를 습관적으로 무시하고 있다면, 속히 더 이상 '하늘의 부르심에 불순종' 하지 않도록 하십시오. 적극적인 죄이든 소극적인 죄이든, 그 죄를 제거하기 전까지 모든 위로는 거짓이고 속이는 것입니다. 당신이 하나님과 평화의 관계를 맺고 있다면,

회개에 어울리는 열매가 있어야 합니다. 회개의 열매를 맺을 때까지 당신 안에 평화가 찾아올 것이라는 기대를 해서는 안됩니다.

혹은 당신을 괴롭히며 끊임없이 문제가 되는 교만함을 갖고 있습니까? 당신 자신을 필요 이상으로 너무 높이 평가하고 있지는 않습니까? 예수 그리스도 이외에 다른 어떤 것에 영광을 돌리고 있지는 않습니까? 당신이 성공한 것을 자신의 능력이나 지혜 혹은 용기 때문이라고 생각하고 있지는 않습니까? 그렇다면 당신이 마땅히 취해야 할 자세는 이것입니다. 겸손하게 당신 자신을 하나님의 손 아래 내려놓으십시오. 때가 되면, 주님께서 당신을 높이실 것입니다.

새벽기도

내가 간절히… 주를 앙모하나이다.
_시편 63:1

당신은 하루를 어떻게 시작합니까? 생계를 위해 반드시 일을 해야 하는 경우가 아니라면, 일반적으로 8~9시간이나 혹은 그보다 더 오래 잠을 자고 아침 8시나 9시쯤에 일어날 것입니다. 이렇게 사는 사람들을 모두 지옥으로 가는 길목에 있다고 비난할 수는 없습니다(50년 전의 나는 그렇게 말하곤 했습니다). 하지만 그들이 날마다 자기를 부인하고 자기 십자가를 지면서 천국을 향해 가고 있다고 칭찬할 수도 없습니다.

적당한 수면을 취하면 신경질환을 예방하고
제거하는 데 그 어떤 약보다 좋고
몸과 영혼에 유익합니다.

60년 넘게 관찰해 본 결과, 건강한 남자는 하루 평균 6~7시간, 건강한 여자는 7~8시간 정도 수면을 취하면 충분하다고 말할 수 있습니다. 내가 경험한 바로는 이 정도 수면을 취하면, 신경질환을 예방하고 제거하는 데 그 어떤 약보다도 좋고, 몸과 영혼에 유익합니다.

이것은 경험상 습관이나 풍조에 관계없이 우리 본성이 요구하는 적절한 수면 시간으로 판명된 탁월한 방식입니다. 그 정도 수면이 몸과 영적 건강에 가장 좋다는 것은 논란의 여지가 없습니다.

그런데 왜 적당한 수면을 취하지 않습니까? 어렵기 때문입니까? 그럴 것입니다. 바쁜 일상에 쫓겨 시간 관리를 못하거나 태만한 습관이 굳어져 있다면 적당한 수면을 취하는 습관을 유지하기는 어려울 것입니다. 하지만 하나님께는 불가능한 것이 없습니다. 하나님의 은혜가 임하면 당신도 모든 것이 가능해집니다. 오직 기도하십시오. 그러면 적당한 수면을 취하는 일이 가능해질 뿐 아니라 쉬워질 것입니다. 그리고 가끔씩 특별한 날만 일찍 일어나는 불규칙한 생활보다는 꾸준히 늘 일찍 일어나는 것이 훨씬 더 쉽습니다.

올바른 방식으로 시작하십시오. 일찍 일어나기 위해서는 일찍 자야 합니다. 일찍 자고 일찍 일어나 하나님을 대면하며 하루를 시작하게 되면 당신이 가진 대부분의 어려움이 해결될 것입니다. 새벽기도는 영원토록 유익한 결과를 낳습니다.

자신이 취사선택해서 무엇인가를 더하거나 빼지 말고
하나님의 명령에 따라 가장 간단하게 기도하십시오.
그러면 그리스도인이 하는 일은 모두
먹든지 잠을 자든지, 무엇을 하든 그 자체가 기도가 됩니다.

_존 웨슬리

하나님을 바라보라

영원하신 성령으로 말미암아 흠 없는 자기를 하나님께 드린
그리스도의 피가 어찌 너희 양심을 죽은 행실에서
깨끗하게 하고 살아 계신 하나님을 섬기게 하지 못하겠느냐.
_히브리서 9:14

구원에 있어 행위는 아무런 유익이 없다는 사실을 마음에 새기십시오. 그리스도의 피 이외에는 구원할 능력이 없고, 하나님의 성령 이외에는 가치 있는 것이 없습니다. 결과적으로, 하나님이 지정하신 것이라 할지라도 예수 그리스도를 신뢰하지 않는다면 영혼에 은혜가 되지 못합니다. 반면에 예수 그리스도를 진실로 신뢰하는 사람이라면, 비록 그가 모든 외적인 조건이 부족하고, 지구 한가운데 갇히는 일이 생긴다 하더라도 하나님

의 은혜에서 떨어지는 일이 발생하지 않습니다.

그 무엇보다 하나님을 추구하십시오. 모든 외적인 일들 가운데서 행위에 초점을 두기보다 오직 성령의 능력과 성자 예수님의 공로만을 의지하십시오. 업적 자체에 얽매이지 않도록 조심하십시오. 만약 외적인 일에 집중하게 되면 그 모든 수고가 헛된 것이 됩니다. 하나님은 우리 영혼을 만족시키기에 부족함이 없으십니다. 그러므로 모든 것에서, 모든 것을 통해서, 무엇보다 먼저 시선을 하나님께 고정시키는 것이 중요합니다. 모든 권세와 모든 공로가 하나님의 것이기 때문입니다.

또한 모든 은혜의 수단을 목적이 아닌 수단으로 사용해야 한다는 것을 기억하십시오. 그렇지 않으면 은혜의 수단이 배설물이나 쓰레기로 전락합니다. 하나님이 지정하신 대로, 공의와 진정한 거룩함을 회복하고 갱신하기 위해 은혜의 수단을 사용하십시오.

거룩한 절박감

너희는 삼가 말씀하신 이를 거역하지 말라.
_히브리서 12:25

좁은 문으로 들어가기를 힘쓰십시오.

거룩한 두려움을 갖고 신음하며 좁은 문으로 들어가도록 노력하십시오. 그렇게 하면, 그분의 안식에 들어가게 된다는 약속이 주어졌습니다(히 4:9-11 참조). 조금이라도 당신이 말씀에서 벗어난 삶을 살지 않도록 힘쓰십시오.

말할 수 없는 탄식으로, 간절히 온 마음을 다하여서 열정을 가지고 나아가십시오.

> 좁은 문으로 들어가는 것을 힘쓰십시오.
> 악은 모양이라도 피하며
> 거룩한 삶을 방해하는 요소를 모두 차단하십시오.

쉬지 말고 기도하면서 노력하십시오. 언제 어디서나 당신의 마음을 하나님께 올려 드리십시오. 시편 기자처럼, "깰 때에 주의 형상으로" 깨어나고 주님 한 분만으로 만족하기까지 "그로 쉬지 못하시게" 하십시오.

결론은 이것입니다. 좁은 문으로 들어가기를 힘쓰십시오. 영혼의 고통과 확신, 슬픔과 수치, 갈망과 두려움으로 쉼 없이 기도하며 힘쓰십시오. 마찬가지로 당신이 하는 모든 대화와 삶 전체를 정돈하고, 온 힘을 쏟아 하나님이 가르치신 모든 길, 곧 순전함과 경건과 자비의 길로 걸어가며 힘쓰십시오. 악은 모양이라도 피하십시오. 모든 사람에게 가능한 모든 선을 베푸십시오. 무슨 일을 하든지 자신의 뜻을 부인하고, 날마다 자기 십자가를 지십시오.

거룩한 삶을 방해할 가능성이 있는 것은 무엇이든, 가차 없이 차단하고 던져버리십시오. 자신이 소유한 모든 것과 친구를 잃고, 건강을 잃으며, 세상에 있는 모든 것을 잃게 되어 고통을 받게 되더라도 기꺼이 그렇게 하십시오. 그러면 천국을 소유하게 될 것입니다.

주님을 기다리라

나의 영혼이 잠잠히 하나님만 바람이여.
_시편 62:1

대부분의 그리스도인들이 어떤 특정한 형태의 기도를 하는 데 익숙합니다. 아마 당신도 여느 그리스도인들처럼 어린아이 때 했던 것과 동일한 형식의 기도를 지금도 여전히 하고 있을 가능성이 큽니다. 하지만 개인기도 시간에 할 수 있는 "가장 좋은 길"(고전 12:31)이 있다는 것을 알아야 합니다. 당신의 내적, 외적 상태를 잘 고려해서 기도를 다양하게 변화시켜 보십시오.

당신이 지금 건강하고, 편안한 상태에서 선한 이웃,

현재 자신의 내면의 상태를 구체적으로 아뢰며,
하나님 앞에 진실하게 나아가십시오.

마음이 맞는 친구들과 더불어 좋은 관계를 맺고 있다고 가정해 봅시다. 그러면 당신의 외적인 상태는 평안하므로 하나님께 감사와 찬양을 표현할 필요가 있습니다.

　반면에 당신이 경제적으로 궁핍한 가운데 역경과 곤궁에 빠져 절망하고 있다면 주님 앞에 나아가십시오. 위험과 고통, 질병 가운데 있다면, 이때는 슬픈 마음 그대로 그 상황을 직시하며 하나님 앞에 당신의 영혼을 쏟아 놓을 필요가 있습니다.

　기쁠 때든, 슬플 때든 당신 내면의 상태, 현재 마음의 상태를 구체적으로 아뢰며 기도할 수 있습니다. 죄책감이나 여러 가지 시험들 때문에 침체되어 낙담하고 있습니까? 당신의 절망적인 마음을 진실하게 고백하고 탄

원하며 기도하십시오.

　지금 당신의 영혼이 평안한 상태입니까? 하나님 안에서 기뻐하고 즐거워합니까? 당신을 향한 그분의 위로가 큽니까? 그렇다면 시편 기자와 더불어 이렇게 고백하십시오. "주는 나의 하나님이시라… 내 입술이 주를 찬양할 것이라." 시편 찬양을 한 편 읽고 묵상하는 것은 감사가 넘치는 마음을 자연스럽게 표현하는 방법이 될 수 있습니다. 이것은 그 어떤 기도보다 '가장 좋은 길'입니다.

아무것도 염려하지 말라

너희 아버지께서 그 나라를 너희에게 주시기를 기뻐하시느니라.
_누가복음 12:32

우리의 하늘 아버지께서 그 나라를 우리에게 주시기를 기뻐하신다고 하십니다. 그렇다면 우리에게 먹을 것과 입을 것을 주시는 것은 얼마나 더 기뻐하시겠습니까? 우리는 이렇게 영육간에 위대한 유산을 받은 사람이기에, 이 세상의 소유를 너무 귀하게 여길 필요가 없습니다.

이와 동일한 취지에서 사도 바울은 빌립보 교인들에게, "아무것도 염려하지 말고 다만 모든 일에 기도와 간구로, 너희 구할 것을 감사함으로 하나님께 아뢰라"(빌 4:6)고 했습니다.

사람들이 당신에게 아무런 이유도 없이 힘들게 하며 부드럽게 대하지 않는다고 해도, 근심하거나 낙담하지 말고 다만 기도하십시오. 염려와 기도는 양립될 수 없습니다. 크든 작든 "모든 일에"라는 단어와 "너희 구할 것을 하나님께 아뢰라"는 말씀을 기억하십시오. 말도 안 되는 부끄러움이나 의심스러운 겸양으로, 마치 자신의 기도 제목이 너무 보잘것없이 작거나 혹은 너무 위대한 것처럼, 자신의 갈망을 덮거나 억누르거나 감추는 사람은 끊임없이 근심할 수밖에 없습니다. 하지만 예수 그리스도의 이름을 힘입어 자유롭게 자신의 갈망을 하나님께 쏟아 놓는 사람들은 자유할 수 있습니다.

여기서 "하나님께 아뢰라"는 것은 '염려하는 것들을 사람에게 드러내는 것이 항상 적절한 일은 아니기 때문'입니다. "간구로" 하라는 것은 '우리의 청원을 상세히 말하고 간절히 토로하는 것을 의미'합니다. "감사함으로"하라는 것은 '진정으로 근심을 내려놓고 기도하는 영혼의 가장 특징적인 표징'이 되기 때문입니다. 이렇게 하면 언제나 평화가 따라옵니다. 평화와 감사는 함께합니다(골 3:15). 그러므로 "내일 일은 내일 생각하라"고 하신 말씀을 따르십시오. 내일 일은 내일 생각하면 됩니다. 오늘은, 염려하지 마십시오.

자기부인과 주님께 순종하는 법

열심을 품고… 기도에 항상 힘쓰며.
_로마서 12:11-12

성숙한 믿음은 아니지만 믿음을 완전하게 저버리지도 않는 회색지대에 있는 사람이 있습니다. 그는 여전히 어느 정도 양자의 영을 가지고 있으므로 그가 하나님의 자녀라는 사실을 계속해서 그의 영에게 증거합니다. 하지만 그는 그리스도인의 온전함을 향해 성장하려 하지 않습니다.

한때는 믿음의 진보를 보이기도 했었지만, 이제는 의에 주리고 목마르지 않으며, 사슴이 시냇물을 찾기에

계속해서 기도하기를 멈추지 마십시오.
기도하면서 믿음이 온전해지고
은혜 안에서 놀라운 성장을 이룰 수 있습니다.

갈급한 것처럼 하나님의 온전한 형상과 그분을 온전히 누리기를 간절히 원하지(시 42:1) 않습니다. 도리어 그의 마음은 연약하고 곤궁하며, 예전에 그랬던 것처럼 삶과 죽음 사이를 갈팡질팡 헤매고 있습니다.

    왜 그렇게 헤매는 것일까요? "행함으로 믿음이 온전하게 되었느니라"(약 2:22)는 하나님의 말씀을 잊고 있기 때문입니다. 그는 정말로 부지런하게 하나님의 일을 하지 않습니다. 개인적으로든 공적으로든 지속적으로 기도하는 삶을 원하지 않습니다. 또한 성만찬에 참여하고 말씀을 들으며, 묵상하고 금식하며, 신앙집회에 참여하는 일에 태만합니다. 그가 이런 은혜의 수단들을 완전히 무시하는 것은 아니지만, 온 힘을 다하여 성장하지도 않습니다.

    그가 더 이상 기도하지 않는 이유는 무엇일까요? 열정이 식어 버리고 냉담해진 시기에 그의 마음이 고통과 비탄에 빠져 있기 때문입니다. 그는 기회가 있을 때마다 말씀을 듣는 행위를 멈추었습니다. 잠자는 것이 달콤하고, 날씨가 덥거나 비가 오기 때문에 그렇다는 변명을 하면서 말입니다. 그리하여 그의 믿음은 온전해지지 않고, 그는 은혜 안에서 성장할 수도 없습니다. 자신을 부인하고 자기 십자가를 지지 않기 때문입니다.

외적인 일은 지적인 이해를 요구하지만,
기도는 마음의 갈망이 필수적으로 요구되는 일입니다.

_존 웨슬리

최상의 무기는 기도

모든 기도와 간구를 하되
항상 성령 안에서 기도하고 이를 위하여 깨어 구하기를 항상 힘쓰며
여러 성도를 위하여 구하라.
_에베소서 6:18

하나님의 전신갑주는 그리스도인이 얼마나 큰 특권을 갖고 있는지를 알게 해 줍니다. 전신갑주 중에서 어느 한 가지만 없어도 우리는 불완전해집니다. 허리에 진리의 띠를 착용하고, 의의 흉배를 하며, 복음의 신발을 신고, 믿음의 방패를 들고서 성령의 검을 갖고 있다고 해도, 한 가지 부족한 것이 있습니다. 그것은 '항상 기도하기'입니다. 언제, 어떠한 경우에도, 무슨 일을 하고 있든지 내면으로는 "쉬지 말고 기도"하십시오.

"성령으로" 기도하라는 것은 '성령의 감동을 통해서' 기도하라는 것입니다. "모든 기도로"라는 것은 '공적 기도, 개인기도, 마음의 기도, 소리 내서 하는 기도 등 여러 형태의 기도'를 총망라하는 것입니다. 어떤 한 가지 유형의 기도 스타일을 고집하며, 다른 형식의 기도를 무시하는 태도를 갖지 않도록 주의하십시오.

기도가 응답되기를 바란다면, 다양한 형태의 기도를 통해 주님을 만나야 합니다. 어떤 사람들은 오로지 마음속으로만 기도하면서 그것이 다른 것들보다 더 우월한 경배의 방법이라고 생각합니다. 그러나 단순하게 마음의 열망을 기도하는 것보다 더 열렬하고 지속적인 기도를 하기 위해서는 훨씬 더 큰 주님의 은혜가 필요합니다.

"간구"는 '겟세마네 동산에서 그리스도가 기도하셨던 것처럼 반복해서 간절히 기도'해야 함을 나타냅니다. "깨어서"는 '하나님의 뜻을 알고, 그것을 행하기 위한 능력을 얻으며, 우리가 간절히 바라는 축복을 받기 위해서 내적으로 하나님께 집중' 하라는 것입니다. "항상 힘쓰며 여러 성도를 위하여 구하라"는 것은 '다른 사람들이 하나님의 뜻을 행하고 올바르게 설 수 있도록 계속해서 끝까지 기도하라' 는 것입니다. 다른 사람들을 위해 충분히 중보기도를 하고 있지 않다면, 어쩌면 이것 때문에 기도 응답이 늦춰지고 있을 수도 있습니다.

항상 기뻐하라, 기도하라, 감사하라

항상 기뻐하라 쉬지 말고 기도하라 범사에 감사하라.
_데살로니가전서 5:16-18

하나님 안에서 무한한 행복을 누리며 "항상 기뻐"하십시오. 또한 "쉬지 말고 기도하라"는 말씀을 기억하십시오. 기도는 주님 안에서 "항상 기뻐"하게 되면 맺히는 열매입니다. "범사에 감사하라"는 말씀도 기억하십시오. '감사'는 앞에서 언급한 '기뻐'하고 '기도'하는 일에 대한 열매입니다.

그리스도인의 온전함이란 바로 이렇게 항상 기뻐하고, 쉬지 않고 기도하며, 범사에 감사하는 데 있습니다.

우리가 이보다 더 완전해질 수는 없습니다. 그러나 이 말씀에 미치지 못하는 삶을 살아서도 안 됩니다.

우리 주님은 우리를 위해, 의를 값 주고 사셨을 뿐만 아니라, 기쁨까지도 값 주고 사셨습니다. 따라서 죄로부터 구원받은 우리가 그리스도의 사랑 안에서 행복한 삶을 사는 것이 진정으로 복음적인 삶입니다.

기도는 우리의 영적 생명의 호흡이라는 말이 있습니다. 살아 있는 사람은 숨쉬는 것을 멈추지 않습니다. 우리가 하나님의 임재를 정말로 즐거워한다면, 그만큼 "쉬지 않고" 기도하며 찬양하는 삶을 살아야 합니다. 그렇지 않다면 우리의 기쁨은 망상에 지나지 않습니다.

감사는 참된 기도와 분리될 수 없습니다. 감사는 본질적으로 기도와 관련되어 있기 때문입니다. 항상 기도하는 사람은 편안할 때든지 고통스러울 때든지, 성공할 때든지 극심한 고난 가운데 있을 때든지, 언제나 찬양합니다. 그는 모든 일에 하나님을 송축하고, 모든 일이 하나님으로부터 오는 것이라고 여기며, 오직 하나님만을 위하여 살아갑니다. 문제 앞에서 선택하거나 거부하지 않고, 좋아하거나 싫어하지도 않습니다. 단지 어느 것이든, 그것이 하나님의 완전한 뜻에 합한 것인지 그렇지 않은 것인지만 생각합니다.

"이것이… 하나님의 뜻이니라." 하나님의 뜻은 항상 선하며, 언제나 우리의 구원을 향하고 있습니다. 말씀을 기억하며 하나님의 뜻을 따라 기뻐하고, 기도하며, 감사하는 삶을 사십시오.

믿음으로 구하는 법

오직 믿음으로 구하고 조금도 의심하지 말라.
_야고보서 1:6

기도를 은혜의 수단으로 사용하는 것과 관련해서 하나님이 야고보 사도를 통해 우리에게 주신 메시지는 매우 명료합니다. 공중 기도나 개인기도 등 다양한 형태의 기도를 고려하면서, 야고보는 "너희 중에 누구든지 지혜가 부족하거든 모든 사람에게 후히 주시고 꾸짖지 아니하시는 하나님께 구하라 그리하면 주시리라"(약 1:5)고 말합니다. 하나님은 구하는 사람들을 꾸짖지 아니하시고, "그들이 받게 될 것"이라고 말씀하십니다. 반면에 그들이 구하지 않는다면, "너희가 얻지 못함은 구하지 아니하기 때문"이라고 말씀하십니다(약 4:2).

야고보가 "믿음으로 구하라"고 덧붙이고 있다는 사실 때문에, 어떤 사람들은 이것이 하나님의 은혜를 알지 못하는 사람에게 주시는 지시가 아니라는 데 이의를 제기하기도 합니다. 이것에 대한 답변은 다음과 같습니다.

여기서 야고보가 믿음의 의미에 대해 설명한 부분을 주목하십시오. 마치 이런 이의제기가 있을 것을 예상하고 그것을 멈추게 하려는 것 같습니다. 이 말 뒤에는 곧바로 "조금도 의심하지 말라"는 구절이 따라옵니다. 하나님이 자신의 기도를 들으시고 마음의 소원을 이루어 주시리라는 것을 신뢰하는 것입니다. 하나님이 기꺼이 은혜를 주시고 지혜를 더하여 주시리라는 것을 의심하지 말라는 것입니다.

그러므로 하나님의 은혜를 구하는 사람은 간절히 기도하면서 기다릴 줄 알아야 합니다.

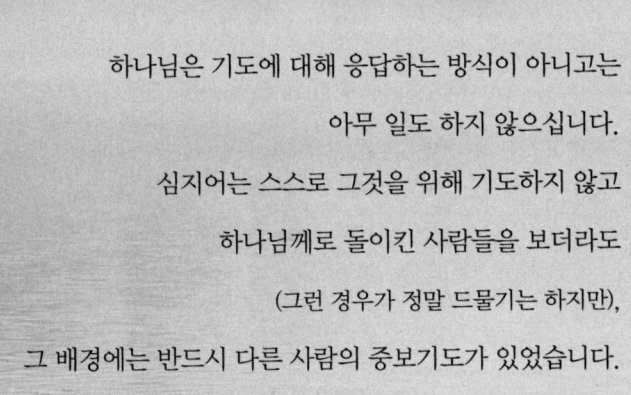

하나님은 기도에 대해 응답하는 방식이 아니고는
아무 일도 하지 않으십니다.
심지어는 스스로 그것을 위해 기도하지 않고
하나님께로 돌이킨 사람들을 보더라도
(그런 경우가 정말 드물기는 하지만),
그 배경에는 반드시 다른 사람의 중보기도가 있었습니다.

_존 웨슬리

기도와 은혜

너희가 진리를 순종함으로 너희 영혼을 깨끗하게 하여.
_베드로전서 1:22

그리스도가 유일한 은혜의 수단이라는 주장은 지금까지 격렬한 반대에 부딪쳐 왔습니다. 분명히 말하건대, 이것은 그저 말장난에 지나지 않습니다. 무슨 의미로 그렇게 말하는지 그 뜻을 설명한다면, 그런 반대는 사라져 버립니다.

우리가 "기도는 은혜의 수단이다"라고 말할 때, 기도는 하나님의 은혜를 전달하는 통로라는 의미입니다. 그러나 "그리스도는 은혜의 수단이다"라고 말할 때는,

주의 율례를 들으며 지키는 가운데
잠잠히 주님을 기다리십시오.

그리스도만이 유일하게 값을 치르고 우리를 사신 분이라는 의미입니다. "그분으로 말미암지 않고는 아버지께로 올 사람이 없다"는 말입니다. 누가 이 사실을 부정하겠습니까?

그러나 성경은 우리에게 구원을 기다리라고 가르치지 않습니까? (물론 이 말 또한 반대에 부딪쳐 왔습니다.) 다윗은 "내 영혼이 잠잠히 하나님만을 기다림은 나의 구원이 그에게서만 나오기 때문이다"(시 62:1, 표준새번역)라고 고백하지 않습니까? 이사야도 "주님, 우리가 주님을 기다립니다"(표준새번역)라고 말하면서 동일한 가르침을 주고 있지 않습니까?

성경 인물들이 모두 주님을 기다리라고 하지 않습

니까? 의심의 여지없이 우리는 그분을 기다려야 합니다. 하지만 어떻게 기다려야 할까요? 그분을 기다리는 데 그분 자신이 정하신 방법보다 더 좋은 방법을 찾을 수 있겠습니까? 선지자 이사야의 말을 생각해 봅시다. "주님, 우리는 주님의 율법을 따르며, 주님께 우리의 희망을 걸겠습니다"(사 26:8, 표준새번역). 다윗도 이와 똑같은 방법으로 주님을 기다렸습니다. "주님, 주의 율례의 도를 내게 가르쳐 주십시오. 내가 언제까지든지 그것을 지키겠습니다"(시 119:33, 표준새번역).

가족 기도

"지혜로운 자들이 많은 사람을 가르칠 것"이다.
_다니엘 11:33

우리는 가족들을 가르쳐서 주님을 섬기도록 도와줘야 합니다. 우리는 한 지붕 아래 살고 있는 사람들이 구원에 필요한 지식을 갖고 있는지 점검해 보아야 합니다. 배우자와 자녀가 영생에 속한 지식들을 알 수 있도록 도와야 할 책임이 있습니다.

예수 그리스도의 가르침을 받기 위해 온 가족이 공중 예배에 참여할 계획을 세우십시오. 특히 주일에는 반드시 예배에 참여해야 합니다. 그리고 가족 구성원이 매

자녀에게 분명하게 주의 도를 가르치십시오.
자신이 시작한 일의 열매를 보기까지
중단하지 말고 꾸준히 가르치십시오.

일매일 성경을 읽고, 묵상하며, 기도하는 시간을 갖고 있는지 관심을 기울여야 합니다. 또한 하루라도 가족들을 위해 진심으로 기도하지 않고 지나가는 일이 없도록 해야 합니다.

특별히 자녀들에게 진리를 가르치기 위해 분명하게 지속적으로 인내심을 가지고 힘쓰는 것은 빠르면 빠를수록 좋습니다. 아이가 말을 하기 시작할 때면, 아이의 이성도 활동하기 시작합니다. 그때부터 하나님의 일들을 이야기할 기회를 놓치지 마십시오.

이때 어린아이가 이해할 수 있는, 그들이 사용하는 것과 같은 단어들을 사용해서 분명하게 이야기하십시오. 하나님께서 그들의 이해를 도우시고 그분의 빛을 비춰 주시기를 기도하면서 자주 이야기하십시오.

하지만 당신이 인내심을 가지고 꾸준히 가르치지 않는다면 아무 소용이 없을 것입니다. 시작한 일의 열매를 보기까지 절대로 중단하지 마십시오. 열매를 맺기 위해서는 위로부터 주어지는 능력을 힘입는 것이 절대적으로 필요하다는 것을 발견하십시오.

위로부터 오는 능력을 받지 않고 스스로 가족 구원을 이루며, 자녀에게 주의 도를 가르치는 일을 할 수 있는 사람은 아무도 없습니다.

기도와 믿음으로 굳게 서기

사람이 마음으로 믿어 의에 이르고.
_로마서 10:10

형제자매여! 더욱 성숙하며 더 높이 오르십시오. 굶주린 자에게 음식을 주고, 헐벗은 자를 입히며, 고통 중에 있는 고아와 과부, 혹은 병자와 감옥에 갇힌 자, 이방인을 방문하는 종류의 선한 일을 행하는 데 만족하지 마십시오.

그리스도의 이름으로 예수님의 진리를 선포하십니까? 성령의 감동과 하나님의 능력으로 죄인들을 어두움에서 끌어내어 빛 가운데로 인도하십니까? 사탄의 권세

아래에 있는 사람을 하나님께로 인도하고 있습니까?

그러므로 이제 가서 당신이 가르쳐야 할 것이 무엇인지를 배우십시오. "너희는 그 은혜에 의하여 믿음으로 말미암아 구원을 받았으니"(엡 2:8). 우리는 예수 그리스도의 은혜로 구원받았습니다. "우리를 구원하시되 우리가 행한 바 의로운 행위로 말미암지 아니하고 오직 그의 긍휼하심을 따라 중생의 씻음과 성령의 새롭게 하심"(딛 3:5)으로 된 일임을 가르치십시오.

당신이 행한 모든 일은 그만큼의 쓰레기와 배설물에 지나지 않음을 헤아리면서, 있는 모습 그대로 그리스도의 십자가를 의지해야 합니다. 죽어가던 강도와 일곱 귀신들린 매춘부가 그랬던 것처럼, 오직 예수 그리스도께 전념해야 합니다! "주님, 나를 구원하소서. 그렇지 않으면 내가 죽겠습니다!" 이렇게 전적으로 주님을 의지하는 믿음 위에 서 있지 않으면, 당신은 여전히 모래 위에 집을 짓고 있는 사람입니다. 따라서 다른 사람들을 구원한 이후에 자신의 영혼을 잃어버리게 될 수도 있습니다.

당신이 지금 믿고 있다면, "주님, 내 믿음을 더 크게 하여 주옵소서"라고 기도하십시오. 당신에게 믿음이 없다면, "주님, 겨자씨만한 믿음일지라도 이 믿음을 내게 주옵소서"라고 기도하십시오. 왜냐하면 오직 구원하는 믿음, 바위 위에 세워진 믿음만이 홍수가 나고 바람이 불 때에 견고하게 지탱되기 때문입니다. 이렇게 구원하는 참된 믿음은 선하고 의로운 행실로 증명된다는 사실을 기억하기 바랍니다.

당신의 하늘 아버지는 아신다

구하기 전에 너희에게 있어야 할 것을
하나님 너희 아버지께서 아시느니라.
_마태복음 6:8

우리 주님은 "구하기 전에 너희에게 있어야 할 것을 하나님 너희 아버지께서 아시느니라"는 말씀을 하시기 바로 전에 빈말을 되풀이하는 것에 대해 경계하셨습니다. 의미 없이 했던 말을 반복하는 것은 헛된 일입니다. 그러므로 우리는 기도할 때 자신이 하는 말의 의미를 생각하며 세심하게 주의를 기울이고, 마음 깊은 곳에서 진심으로 우러나오는 말을 하려고 노력해야 합니다. 이 본문에서 경고하고 있는 헛되고 이교도적인 반복은 매우 위험한 것입니다. 그러나 안타깝게도 중언부언하는 일은 아주 일반적으로 나타나는 현상입니다. 종교를 가지고 있는 많은 사람들이 그 종교에 먹칠을 하는 주된 이유가 바로 헛된 말을 반복하는 것입니다. 실제로 세상에 있는 모든 말들이 거룩한 갈망을 표현하기에 어울리는 말은 아닙니다. 그리고 아무리 최고의 기도문이라고 할지라도 그것이 마음의 언어가 아니라면 빈말을 되풀이하는 것에 불과합니다.

"너희에게 있어야 할 것을 하나님 너희 아버지께서 아시느니라." 우리는 하나님께 우리가 원하는 것이 무엇인지 알려드리기 위해 기도하는 것이 아닙니다. 전지하신 하나님이, 이전에 몰랐던 어떤 것에 대한 정보를 얻기 위한 노력이 필요하지 않습니다. 그리고 그분은 언제나 기꺼이 우리의 필요를 해결해 주기 원하십니다. 정말 중요한 것은, 우리 편에서 하나님의 은혜와 축복을 받기에 알맞은 성품을 갖추는 것입니다.

결론적으로 말해서, 기도를 하는 중요한 목적 가운데 하나는 우리 안에 하나님을 닮은 성품을 기르고, 성령님을 의지하는 훈련을 하는 것입니다. 또한 우리가 구하는 것을 바라는 마음의 소원을 증대시키며, 우리의 필요에 민감하여서 마침내 축복을 얻을 때까지 씨름을 멈추지 않는 것입니다(창 32:24-30 참조).

하나님이여,
부디 내가 무가치한 삶을 살지 않게 하옵소서!

_존 웨슬리

어둠을 물리치는 기도

주께서 인생으로 고생하게 하시며
근심하게 하심은 본심이 아니시로다.
_예레미야애가 3:33

인생에서 광야를 경험하게 되는 원인에는 여러 가지가 있지만, 그 가운데 감히 하나님의 독단적이고 주권적인 뜻이 있다고 말할 수는 없습니다. 왜냐하면 하나님은 그분의 종들이 잘되는 것을 즐거워하시며, 사람들이 괴로워하거나 비탄에 빠지는 것을 기뻐하지 않으시기 때문입니다. 하나님은 우리가 계속 성화를 이루고, 성령 안에서 평화를 누리며 기쁨 가운데 살기 원하십니다. 그분은 절대로 우리에게서 자신이 준 선물을 빼앗으려고 하지 않으십니다(롬 11:29 참조). 그렇게 주장하는 사람들이 있기는 하지만, 그분은 절대 우리를 저버리지 않으십니다. 다만 우리가 그분을 저버리는 것일 뿐입니다.

내면의 어둠을 가져오는 가장 일반적인 원인은, 해야 할 일을 안 하는 것이거나 하지 말아야 할 일을 하는 것인데, 이것은 모두 죄입니다. 죄를 짓는 것이 무서운 이유는 죄를 범하는 바로 그 순간에 영이 어두워지기 때문입니다. 특히 그것이 통상적으로 잘 알려진 죄이고, 의지적인 요소가 가미되거나, 혹은 뻔뻔스러운 죄일 경우에는 더욱 그러합니다. 빈번하게 발생하는 죄는 마땅히 해야 할 일을 하지 않아서 빛을 잃는 경우입니다. 부작위의 죄는 즉각적으로 성령을 소멸시키지는 않지만, 점차 서서히 성령의 빛을 소멸하게 만드는 원인이 됩니다.

마땅히 해야 할 일 가운데 가장 흔하게 하지 못하는 것이 개인기도를 무시하거나 서둘러 급하게 기도하는 습관입니다. 이것은 그 어떤 다른 수단으로도 대체될 수 없습니다. 기도를 하지 않으면 그 영혼 안에 있는 하나님의 생명이 쇠락하게 되고 점차 생명을 잃게 됩니다.

마땅히 해야 하는 일을 하지 않아서 신자의 영혼에 어둠을 가져오는 또 다른 부작위의 죄는, '이웃'의 잘못을 보고도 견책하지 않아서 "그에 대하여 죄를 담당"하게 하는 것입니다(레 19:17). 그의 잘못을 알고도 책망하지 않으면 결과적으로 그의 죄는 공동체의 죄가 됩니다. 그리고 공동체에 속한 구성원은 모두 그 죄에 대한 책임을 지게 됩니다. 그리하여 하나님의 성령을 근심하게 만들고, 모두가 그분 얼굴의 광채를 잃게 되는 것입니다.

은혜의 통로인 기도

오직 우리 주 곧 구주 예수 그리스도의 은혜와
그를 아는 지식에서 자라 가라.
_베드로후서 3:18

은혜의 주된 통로는 크게 세 종류가 있습니다. 그것은 '기도'(은밀히 드리는 기도, 회중 기도 등의 모든 형태)와, '성경'(성경을 읽고, 듣고, 묵상하는 것)과, '성만찬'(예수님을 기념하며 떡을 떼고 포도주를 마시는 것)입니다. 이 세 가지는 하나님이 사람들의 영혼에 그분의 은혜를 주시기 위해 정하신 은혜의 통로입니다.

초대 교회에서도 그러했습니다. 그러나 시간이 흐르면서, 사랑이 식어졌습니다. 어떤 사람들은 중요한 것과 중요하지 않은 말을 와전시키는 실수를 범하기 시작했고, 하나님의 형상을 따라 마음을 새롭게 하기보다는 외적인 활동에 치중하며 비본질적인 것에 종교의 의미를 부여했습니다. 은혜의 수단의 진정한 가치는 그것이 종교에 얼마나 기여하느냐에 달려 있습니다. 결과적으로 이 모든 수단들은, 그것이 목적과 분리되었을 때, 무가치하고 헛된 것에 불과합니다.

은혜의 수단이 실제로 하나님을 아는 지식과 사랑으로 이끌지 못한다면, 그것은 주님이 보시기에 용납할 수 없는 도구입니다. 그것은 도리어 하나님께 가증스럽고 악취를 풍기는 것들이 됩니다. 하나님은 가증스러운 것들을 몹시 싫어하십니다. 잘못된 수단들을 계속해서 은혜의 수단인 것처럼 사용하면, 목적을 성취하는 수단이 되기는커녕, 하나님의 팔을 거두어들이게 하고, 기독교에 등을 돌리게 만드는 도구가 되므로 주의해야 합니다.

자비를 구하는 기도

그런즉 원하는 자로 말미암음도 아니요
달음박질하는 자로 말미암음도 아니요
오직 긍휼히 여기시는 하나님으로 말미암음이니라.
_로마서 9:16

믿음으로 구원받는다는 진리는 스스로를 의롭게 여기는 사람들에게는 불편한 교리입니다. 사탄이 이 교리는 불편한 것이라고 선언할 때, 그것은 거짓되고 부끄러움을 모르는 자기 성격을 따라 거짓말하는 것입니다. 믿음을 통한 구원은 자신을 파괴하고 스스로를 정죄하는 모든 죄인들이 유일하게 받아들일 수 있는 편안한 교리, 진정으로 위로가 되는 온전한 교리이기 때문입니다. 그분을 믿는 사람이라면 누구나 수치를 당하지 않을 것입니다. 만물의 주이신 바로 그분은 자신을 부르는 사람들에게 부요한 분이십니다. 이 사실은 하늘보다 높고, 죽음보다 더 강한 위로입니다.

"뭐라고요! 모든 이에게 자비가 임한다고요? 세상이 다 아는 날강도 삭개오나 막달라 마리아도 자비의 대상인가요? 그녀는 매춘부인데요?" 이것이 사실이라고 대답하면 안도의 한숨을 쉬며 이렇게 말하는 사람이 있을 것입니다. "그렇다면 나도, 나 같은 사람도, 자비를 바랄 수 있겠구나!"

고통당하고 있는 당신, 아무에게도 위로를 얻을 수 없는 당신도 자비를 바랄 수 있습니다! 하나님은 당신의 기도를 물리치지 않으실 것입니다. 아마도 바로 다음 순간에, "기운을 내렴, 네 죄가 용서받았단다"라고 말씀하실 것입니다. 죄를 용서받았기에, 이제 더 이상 죄가 당신을 지배하지 못할 것입니다. 그리고 성령께서 당신이 하나님의 자녀인 것을 증거하실 것입니다.

모든 사람에게 주어진 큰 기쁨의 복된 소식입니다! "모든 목마른 자들아 물로 나아오라 돈 없는 자도 오라 너희는 와서 사 먹되 돈 없이 값없이 와서… 사라"(사 55:1). 당신의 죄가 주홍같이 붉거나 머리털보다 많을지라도, 여호와께로 돌아오십시오. 하나님 앞에 나아오면 긍휼히 여김을 받을 것입니다. 너그럽게 용서하시는 우리 하나님께로 돌아오십시오.

유혹을 이겨내는 기도

주께서 경건한 자는 시험에서 건지실 줄 아시고.
_베드로후서 2:9

영혼의 어두움이 다양하고, 막중하며, 예기치 않은 유혹 때문에 야기된 경우라면, 그것을 제거하고 예방하는 최선의 방법은 신자들에게 항상 유혹을 예상하라고 가르치는 것입니다. 아무리 믿는 사람이라 할지라도 악한 세상에서 사악하고, 교묘할 뿐만 아니라 악의적인 뜻을 가진 사람들 틈에 살다 보면 악한 마음을 품을 수 있습니다.

우리는 성화의 전 과정이 생각만큼 단순하게, 한순

간에 이루어지는 것이 아님을 분명히 알아야 합니다. 처음에 예수 그리스도를 자신의 구주로 받아들이게 되면, 점차 성장해 가야만 하는 신생아로 태어나는 것과 같습니다. 따라서 신자들은 그리스도의 장성한 분량에 이르기까지 수많은 폭풍을 경험하게 되리라는 것을 알려주어야 합니다.

무엇보다도 폭풍이 닥쳐올 때, 사탄과 논쟁을 벌이는 것이 아니라 기도해야 함을 배우게 하십시오. 하나님 앞에 그들의 영혼을 쏟아 놓고, 그들의 문제를 하나님께 드러내게 하십시오. 주로 우리가 하나님의 위대하고 소중한 약속들을 적용해야 할 사람들은 바로 이런 사람들입니다. 무지한 사람들에게는, 그 무지가 제거되기까지 그리하지 마십시오. 하물며 부끄러움을 모르는 죄인들에게는 더욱 그리하지 마십시오.

우리는 유혹을 받는 사람들에게 하나님의 인자하심을 선포할 수 있습니다. 우리를 모든 죄에서 깨끗하게 하기 위해 우리를 위해 피 흘리신 그리스도의 공로와 그분의 신실하심을 자세히 가르치십시오. 하나님은 자신의 말씀을 증명하실 것이며 그들을 곤궁에서 구하실 것입니다. 하나님은 "일어나라 빛을 발하라 이는 네 빛이 이르렀고 여호와의 영광이 네 위에 임하였음이니라"(사 60:1)고 말씀하실 것입니다.

당신이 하나님과 더불어 겸손히 행한다면, 그 빛은 대낮이 될 때까지 더욱더 빛날 것입니다(잠 4:18 참조).

우리를 위한 예수님의 중보기도

참 마음과 온전한 믿음으로 하나님께 나아가자.
_히브리서 10:22

그리스도의 삶과 죽음 그리고 우리를 위한 그분의 중보기도를 믿음으로, 우리는 완전하게 깨끗해졌을 뿐 아니라 매 순간 새로워집니다. 이제 우리를 향한 정죄가 없을 뿐만 아니라 예전과 같은 형벌의 사망도 없습니다. 주님은 우리의 마음과 삶을 깨끗하게 하십니다.

이 믿음을 통해, 우리는 매 순간 그리스도의 능력을 의지할 수 있고, 오직 그 믿음으로 현재의 삶을 살아갈 수 있습니다. 오직 이 믿음으로 우리는 계속해서 영적

예수님의 중보기도에 대한 믿음을 통해
우리는 매 순간 그리스도의 능력을 의지할 수 있고,
현재의 삶을 살아갈 수 있습니다.

생명을 유지할 수 있습니다. 이 믿음이 없으면, 현재 우리가 아무리 거룩하다 할지라도, 바로 다음 순간 사탄에게 속을 수 있습니다.

    그러나 그분을 믿는 믿음을 견지하는 한, 우리는 구원의 샘에서 물을 긷게 될 것입니다. 우리는 믿음을 통해 우리 마음에 거하시는 분, 우리 안에 계신 그리스도와 영광의 소망을 의지합니다.

    예수님은 하나님의 오른편에서 우리를 위해 간구하고 계십니다. 우리는 그분의 도움을 받아 하나님이 보시기에 용납하실 수 있는 생각을 하고, 행동을 하며, 말을 합니다.

그러므로 우리가 행하는 모든 일에서 예수님보다 서둘러서는 안 됩니다. 그리하여 우리의 모든 계획과 대화와 행동이 예수님 안에서 시작되고, 지속되며, 결론이 나야 합니다.

또한 성령의 감동으로 우리 마음의 생각을 정결하게 해야 합니다. 온전히 예수님을 사랑하고 하나님의 거룩하신 이름을 찬양하며 살아가길 기원합니다.

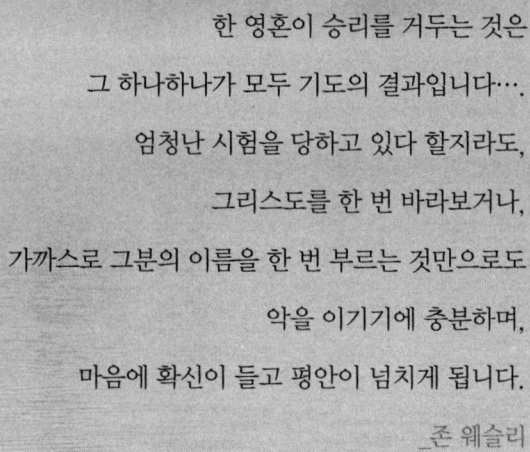

한 영혼이 승리를 거두는 것은
그 하나하나가 모두 기도의 결과입니다….
엄청난 시험을 당하고 있다 할지라도,
그리스도를 한 번 바라보거나,
가까스로 그분의 이름을 한 번 부르는 것만으로도
악을 이기기에 충분하며,
마음에 확신이 들고 평안이 넘치게 됩니다.

_존 웨슬리

어떻게 기다려야 하는가?

너희는 여호와를 만날 만한 때에 찾으라
가까이 계실 때에 그를 부르라.
_이사야 55:6

어떤 사람이 구원은 하나님의 선물이며 그분이 하신 일이라는 것을 알고 있지만, 자신은 이 선물을 받지 못했음을 확신하고 있다고 가정해 봅시다. 그러면 그는 어떻게 구원을 얻을 수 있을까요?

이 질문에 대해 당신이 "믿으십시오. 그러면 구원을 얻을 것입니다!"라고 말한다면, 그들은 이렇게 대답할 것입니다. "저도 믿고 싶습니다. 그런데 어떻게 믿습니까?" 그러면 당신은 이렇게 대답할 수 있습니다. "하나님을 바라보십시오."

"네, 하지만 내가 어떻게 그분을 기다려야 하나요? 은혜의 수단을 사용합니까 아니면 다른 방법이 있습니까? 은혜의 수단을 사용해서 구원을 주시는 하나님의 은혜를 기다려야 합니까 아니면 은혜의 수단은 제쳐두어야 합니까?"

하나님이 말씀으로, 이렇게 중요한 문제에 대해 아무런 지침을 제공하지 않을 리가 없습니다. 우리를 위해, 그리고 우리의 구원을 위해 기꺼이 하늘에서 내려오신 하나님의 아들이 우리의 구원과 이렇게 밀접한 관련이 있는 질문에 대한 지침을 주지 않으셨다고는 상상할 수도 없습니다.

분명히, 예수님은 구원의 길에 대해 우리에게 언급해 주셨습니다. 그분은 우리가 가야 할 길을 분명하게 보여 주십니다. 우리는 오직 하나님의 말씀을 의지해야 합니다. 성경이 어떻게 말하고 있는지 찾아보십시오. 단순하게 그 말씀을 따르기만 하면, 어떤 의심도 남아 있지 않게 될 것입니다.

　　성경에 따르면, 하나님의 은혜를 갈망하는 사람들은 그분이 정하신 방법으로 기다려야만 합니다. 그 방법은 기도와 성경 읽기, 말씀 듣기와 묵상 그리고 성만찬에 참여하는 것입니다. 그러므로 이런 은혜의 수단들을 제쳐두지 말고 적극적으로 사용하기 바랍니다.

마음속의 사랑

우리에게 주신 성령으로 말미암아
하나님의 사랑이 우리 마음에 부은 바 됨이니.
_로마서 5:5

하나님으로 난 사람들의 세 번째 성경적 표징이며 무엇보다도 가장 위대한 표징은 사랑입니다. 그것은 우리가 하나님의 성령으로 거듭날 때 성령께서 우리 마음에 부어 주시는 하나님의 사랑입니다. 사도 바울은 갈라디아교회에, "너희가 아들이므로 하나님이 그 아들의 영을 우리 마음 가운데 보내사 아빠 아버지라 부르게 하셨느니라"(갈 4:6)고 말했습니다. 이 성령을 통해, 그들은 계속해서 하나님을 화평을 주시는 사랑의 아버지로 바라봅니다. 그리고 영적으로나 육체적으로 일용할 양식을 위해, 그들이 필요한 모든 것을 하나님께 간구합니다. 그들은 하나님께 구하는 것은 무엇이든 얻은 줄로 알고 계속해서 그들의 마음을 그분 앞에 쏟아 놓습니다(요일 5:14-15). 하나님 안에 충만한 기쁨이 있습니다. 그분은 그들의 마음을 환희에 차게 하는 근원이 됩니다. 그들의 영혼은 하나님을 갈망하며, 그분의 뜻을 행하는 것 자체에 엄청난 만족을 느낍니다.

그들은 하나님을 그들의 구원자로 사랑합니다. 그들은 예수 그리스도를 진정으로 사랑합니다. 그들은 또한 주님과 연합하여 한 영이 됩니다. 그들의 영혼은 주님을 전적으로 의지하며 그 무엇보다 예수님을 귀하게 여깁니다. 그들은 시편기자가 쓴 이 말의 의미를 압니다. "당신은 사람들보다 아름다우시며, 은혜가 당신의 입술에 부어졌으니, 그러므로 하나님이 당신에게 영원히 복을 주십니다"(시 45:2, NKJV 역자 직역).

풍성하게 채우시는 하나님

온갖 좋은 은사와 온전한 선물이
다 위로부터 빛들의 아버지께로부터 내려오나니.
_야고보서 1:17

외적인 종교 행위는 마음의 신앙심이 뒷받침되지 않으면 아무런 가치가 없습니다. "하나님은 영이시니 예배하는 자가 영과 진리로 예배할지니라"(요 4:24). 그러므로 외적인 예배 행위는 하나님께 헌신된 마음이 없으면 헛수고가 됩니다. 하나님이 규정하신 외적인 법령들은 그것이 내면의 거룩함을 증진시킬 때 많은 유익이 있습니다. 반면에 그것이 내면의 거룩함을 증진시키지 못한다면, 무익하고 헛된 것이 됩니다. 나아가 그것이 내면의 종교를 대체해 버리게 되면, 그것은 하나님께 매우 혐오스러운 것으로 고착됩니다.

하나님의 성령과 분리된 모든 외적 수단들은 아무런 유익을 끼칠 수 없습니다. 하나님을 아는 지식이나 하나님의 사랑에 이르도록 돕지 못하기 때문입니다. 논쟁의 여지없이, 이 땅에서 바랄 수 있는 도움은 하나님의 능력입니다. 우리 안에서 하나님이 기뻐하는 일을 행하시는 분은 오직 한 분, 그분 자신뿐입니다. 하나님은 전능하신 능력으로 이 일을 행하십니다.

내면이 변화되지 않으면, 모든 외적인 일들은 미약하고 영향력이 없습니다. 기도한 말이나 성경을 읽는 소리, 성만찬 때 받는 빵이나 포도주가 그 자체로 고유한 능력을 갖고 있지는 못합니다. 모든 좋은 선물을 주시는 분, 모든 은혜의 근원은 오직 하나님 한 분이십니다. 모든 능력이 그분의 것이며, 바로 그 하나님의 능력을 통해 우리의 영혼이 복을 받게 됩니다.

기도와 하나님의 약속

그러므로 너희가 이제 여러 가지 시험으로 말미암아
잠깐 근심하게 되지 않을 수 없으나.
_베드로전서 1:6

사탄은 특별히 고통으로 신음하고 있는 병든 시대에 온 힘을 다하여 압박을 가합니다. 그러면서 이렇게 속삭입니다.

"하나님이 직접 '거룩하지 않으면 하나님을 볼 자가 없다'고 말씀하시지 않았느냐? 너는 하나님의 온전한 형상은 거룩이라는 것을 알고 있고, 그것이 네 모습과 얼마나 거리가 먼 일인가도 알고 있다! 너는 절대로 그 경지에 이를 수 없다. 네가 괴로워하는 이 모든 것이 헛된 것이다. 너는 여전히 네 죄 가운데 있고, 결국에는 형벌을 받아야만 한다."

당신의 모든 죄를 담당하신 하나님께 시선을 고정시키십시오. 그렇지 않으면, 사탄은 다시 예전에 당신을 묶고 있었던 죽음의 두려움 속에 당신을 빠뜨려 허우적거리게 만들 것입니다. 이렇게 해서 사탄은 주님 안에서 당신이 누리는 평화와 기쁨을 완전히 파괴해 버리거나, 손상시키려고 합니다.

하나님의 평화는 우리 안에서 하나님의 형상을 자라게 하는 소중한 수단입니다. 지속적인 영혼의 평안, 하나님께 고정된 마음의 평화 그리고 예수님이 흘리신 피에 대한 잔잔한 신뢰가 중요합니다. 이것보다 더 거룩함에 유익이 되는 것은 거의 없기 때문입니다.

하나님을 아는 지식이 없으면, 우리 주 예수 그리스도를 아는 생생한 지식과 그분의 은혜 안에서 성장하기는 거의 불가능합니다. 그러므로 처음부터 끝까지 흔들리지 말고 확신 가운데 서십시오. 당신은 의심의 여지없이 하나님의 약속을 받을 것입니다. 현세에서 복을 받을 뿐만 아니라 영원히 복을 받게 됩니다. 아무것도 염려하지 마십시오. 오직 이 소중한 약속을 주신 하나님 한 분께, 당신이 구할 것을 의심이나 두려움 없이 감사함으로 아뢰십시오(빌 4:6 참조).

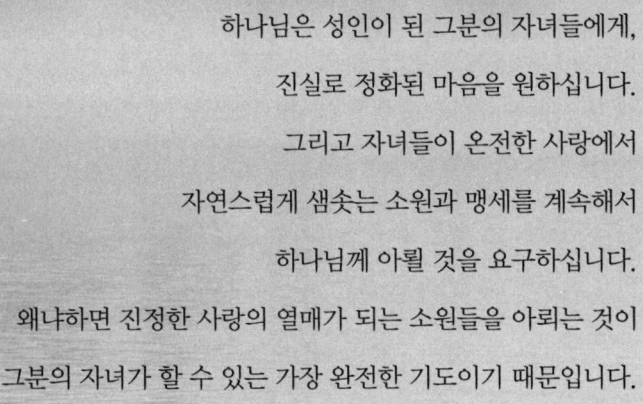

하나님은 성인이 된 그분의 자녀들에게,
진실로 정화된 마음을 원하십니다.
그리고 자녀들이 온전한 사랑에서
자연스럽게 샘솟는 소원과 맹세를 계속해서
하나님께 아뢸 것을 요구하십니다.
왜냐하면 진정한 사랑의 열매가 되는 소원들을 아뢰는 것이
그분의 자녀가 할 수 있는 가장 완전한 기도이기 때문입니다.

_존 웨슬리

참된 온전함

평강의 하나님이 친히 너희를 온전히 거룩하게 하시고.
_데살로니가전서 5:23

    평강의 하나님은 우리 안에서 평안으로 역사하시며 각 사람을 거룩하게 하십니다. 평강은 성화의 위대한 수단입니다. 여기에 원래 사용된 단어는 '전적으로 그리고 완전하게'를 의미합니다. 그것은 우리와 관련된 모든 부분, 모든 것을 포함합니다.

    사도 바울은 계속해서 이렇게 말합니다. "또 너희의 온 영과 혼과 몸이… 흠 없게 보전되기를 원하노라." 바울은 그들의 자연적 상태의 건강이 유지되기를 바랄 뿐만 아니라, 영적 상태가 온전히 보전되기 원한다는 것을 보여 줍니다.

좀 더 자세히 살펴보면 혼(soul)과 몸(body)은 사람의 자연적인 구성 요소입니다. 반면에 성령(Spirit)은 사람의 기본적인 본성 안에 있지 않으며 오직 그리스도인들 안에서만 발견되는 하나님의 초자연적인 선물입니다.

바울은 또한 데살로니가에 있는 그리스도인들을 격려하기 위해, 성령을 소멸하지 않는다면 "너희를 부르시는 이는 미쁘시니 그가 또한 이루시리라"(살전 5:24)고 덧붙입니다. 그리고 그 전에 이미 성령을 소멸하지 말라고 당부한 바 있습니다(살전 5:19). 왜냐하면 성령이 계시는 곳이면 어디에서나, 성령이 불타오르기 때문입니다. 성령은 거룩한 사랑으로 불타오르며, 기쁨과 기도와 감사의 불꽃으로 불타오릅니다.

성령을 소멸하지 마십시오. 선한 일을 행하지 않거나 악을 행함으로써 당신과 다른 사람들 마음에 있는 성령의 불길을 끄는 어리석음을 범하지 마십시오. 사도 바울은 성령을 소멸하지 않기 위한 위대한 방법을 가르쳐 주고 있습니다. "항상 기뻐하라, 쉬지 말고 기도하라, 범사에 감사하라." 이것은 시대를 초월하여 지켜야 할 축복된 훈계입니다!

당신 내면의 성품을 점검하라

먼저… 회개하고 하나님께로 돌아와서 회개에 합당한 일을 하라.
_사도행전 26:20

신자들의 양심이 철저하게 깨끗해지면, 그들이 자신의 행동을 돌아보며 얼마나 많은 죄를 깨닫게 되겠습니까? 참으로, 하나님의 말씀으로 판단하게 되면 세상에 정죄받지 않을 사람이 없습니다. 세상이 정죄할 수 없거나 혹은 변명을 할 수 있을 정도의 사람들마저 거의 없지 않습니까?

그들이 행하는 많은 행동들이 하나님의 영광에 이르지 못하는 경우가 많습니다. 하나님의 영광을 목표로 많은 사람들이 부작위의 죄를 범합니다.
이웃에게 선을 행하려고 애쓰고 있는 동안에도
잘못된 감정을 느끼며 화를 내는 경우가 있습니다.
이때 욥처럼 하나님 앞에 엎드려 기도합시다.

행하지도 않는 경우가 비일비재합니다. 많은 사람들은 최소한 그분의 뜻을 행하는 것만큼이나 자기 자신의 뜻을 행하고 있고, 하나님을 기쁘시게 하려는 것만큼이나, 혹은 그 이상으로 자기 자신을 기쁘게 하려고 합니다.

 이웃에게 선을 행하려고 애쓰고 있는 동안에도 다양한 종류의 그릇된 감정을 느끼며 쉽게 화를 내지 않습니까? 이런 이유로 그들의 선한 행동과 자비의 수고는 악으로 오염됩니다. 그들이 공적으로나 사적으로 하나님께 기도를 하고 있을 때나 가장 엄숙한 예배에 참여하고 있을 때도 마찬가지이지 않습니까? 그들의 마음은 종종 세상 끝을 떠돌고 있지 않습니까?

다시 말하면, 우리가 범하는 부작위의 죄가 많다는 것입니다. 우리는 사도 야고보의 말씀을 알고 있습니다. "그러므로 사람이 선을 행할 줄 알고도 행하지 아니하면 죄니라"(약 4:17). 그리고 우리는 자신 안에 사랑과 거룩한 성품이 없다는 것, 또 무수히 많은 다른 내면의 결점들을 발견할 때가 있습니다. 이때 우리는 욥처럼 하나님 앞에 엎드려 기도할 수 있어야 합니다.

"내가 스스로 거두어들이고 티끌과 재 가운데에서 회개하나이다"(욥 42:6).

기도와 자기부인

자기를 부인하고 날마다 제 십자가를 지고 나를 따를 것이니라.
_누가복음 9:23

우리 주님이 하신 말씀 중에서, 특히 자기 자신을 부인하고 자기 십자가를 지는 것의 의미를 이해하는 것은 매우 중요한 일입니다. 영적인 삶의 모든 단계마다, 은혜를 받고 그 안에서 성장하지 못하도록 방해하는 장애물은 다양하게 존재합니다. 하지만 그 모든 장애물은 하나로 요약될 수 있습니다. 바로 진심으로 자기 자신을 부인하지 않든지, 자기 자신의 십자가를 지지 않으려고 행동하는 것입니다.

이것은 수없이 많은 강력한 대적들의 반대에 직면하는 주장입니다. 우리의 본성 또한 이에 대해 나름대로 방어기제를 사용합니다. 은혜 아래 살지 않고 자기 본성대로 사는 사람들은 자기를 부인해야 한다는 소리를 듣기만 해도 거부감을 일으킵니다. 우리 영혼의 강력한 대적은 자기부인의 중요성을 잘 알고 있기에 이를 향해 온갖 종류의 돌을 던집니다.

심지어는 어둠의 멍에를 어느 정도 벗어버리고 마음속에 참된 은혜의 역사를 경험한 사람들조차 기독교의 이 위대한 교리를 지지하려고 하지 않습니다. 주님이 특별히 강조하신 것임에도 불구하고, 마치 성경에서 그것에 대해 아무 말도 하지 않은 것처럼 자기부인에 대해 너무나 무지한 사람들이 있습니다.

자기도 모르는 사이에 그 교리에 대해 강한 편견을 가지고 멀리 떨어져 있는 사람들도 있습니다. 그들은 자기를 부인하거나 자기 십자가를 지는 것을 가장 혐오스러운 형태로 묘사합니다. 그들은 그것을 행위로 구원을 얻으려고 하거나 자신의 의를 세우려는 것이라고 말합니다. 당신은 이 중요한 복음의 교리를 빼앗기고, 와전시키거나 혹은 조롱할 위험에 처해 있습니다. 그러므로 이제, 자기부인의 교리를 잊지 않도록, 경계하며 마음을 다해 기도하십시오.

하나님이 더 큰일을 행하시게 하라

> 그러므로 어리석은 자가 되지 말고
> 오직 주의 뜻이 무엇인가 이해하라.
> _에베소서 5:17

    자신의 죄를 회개하고 복음을 받아들이는 사람에게 임하는 내적인 천국은 성령 안에 있는 의와 평강과 기쁨입니다. 그러나 이런 것들은 첫 열매일 뿐입니다. 이러한 축복들이 상상할 수 없을 정도로 위대한 것이긴 하지만, 더 위대한 것이 있다는 사실을 알아야 합니다.

    지금 우리처럼, 완전히 헌신된 상태가 아닌 미약한 애정으로 주님을 사랑하는 것이 아니라 우리의 온 마음과 정신과 영과 힘을 다해 주님을 사랑해야 합니다. 진실로 우리는 "사랑 안에서 온전"(요일 4:18)해지기 때문입니다. 우리는 항상 기뻐하고, 쉬지 않고 기도하며, 모든 일에 감사할 수 있는 능력을 기대해야 합니다. 우리는 그리스도 예수의 마음이 우리의 온 마음이 될 것이라고 믿습니다(빌 2:5 참조). 그리고 우리는 모든 우상으로부터 깨끗해지고 내적으로나 외적으로, 모든 더러운 것에서 구원을 얻어(겔 36:29 참조) 그분이 순전하신 것처럼 순전해지도록 힘써야 합니다.

우리는 우리의 구세주 하나님을 아는 경험적 지식과 사랑에서 자라서 그분이 빛 가운데 계신 것처럼 우리도 언제나 빛 가운데 걸어갈 수 있게 되기를 기대해야 합니다. 우리는 우리가 하는 모든 일이 하나님의 영광이 될 때가 반드시 올 것이라는 하나님의 약속을 굳게 붙들어야 합니다. 그분은 거짓말을 할 수 없는 선한 분이십니다.

사탄의 엄청난 계책은 우리가 더 큰일을 욕심내도록 부추겨서 우리의 영혼에서 하나님이 첫 번째로 하시는 일을 파괴하는 것입니다. 그것을 파괴하지 못한다면 최선을 다해 방해하는 것입니다. 하지만 사탄이 우리를 타락시키기 위해 던지는 이런 불화살에 응수하고 기도로써 그것을 통해 더 높은 곳으로 올라갈 수 있는 길을 향해 나아가야 합니다.

구원의 길

여호와여 내가 밤에 주의 이름을 기억하고 주의 법을 지켰나이다.
_시편 119:55

하나님이 죄인을 부르실 때, 일반적으로 구원의 과정에서 은혜의 수단들을 사용하길 기뻐하신다는 사실을 앞에서 언급한 바 있습니다. 그렇지만 성경에 어떤 특정한 과정에 대한 설명이 있는 것은 아닙니다.

성령 또한 어떤 변형도 없이 일정한 순서에 따라 하나님의 섭리를 틀에 박힌 채로 이끌어 가지 않습니다. 각 사람들이 성령의 인도를 받고, 하나님이 주신 복을 발견하는 수단은 다양하며, 여러 형태로 결합되어 수천 개의 다른 길을 만들어냅니다.

그러나 변하지 않는 지혜는 하나님의 섭리와 성령의 인도를 따르는 것입니다. 특히 하나님의 은혜를 추구하는 수단의 문제에 있어서는 더욱 그러합니다. 하나님은 부분적으로는 그분의 외적인 섭리를 통해, 또 부분적으로는 경험을 통해 우리를 인도하십니다. 그분의 섭리는 때에 따라 우리에게 여러 가지 은혜의 수단을 사용할 수 있는 기회를 주십니다. 그리고 하나님의 성령은 우리의 경험을 통해 우리 마음 가운데서 그분이 가장 기뻐하시는 일을 행하십니다.

구원을 바라는 이들을 위한 확실하고 일반적인 법칙은 이것입니다. 기회가 있을 때마다, 하나님이 정하신 은혜의 수단들을 모두 사용하는 것입니다. 하나님이 어떤 방법을 통해 역사하실지 모르기 때문입니다. 하나님이 각 사람에게 구원의 은혜를 베푸시는 방법을 우리가 어떻게 다 알겠습니까?

죄 이외에는 어떤 것도 두려워하지 않고
하나님 이외에는 어떤 것도 갈구하지 않는 설교자를
제게 백 명만 주십시오.
그들이 목회자이든 평신도이든 상관없습니다.
이런 사람만이 지옥의 문을 흔들고
이 땅에 천국을 건설할 것입니다.

_존 웨슬리

하나님을 기다림

주께는 하루가 천 년 같고 천 년이 하루 같다.
_베드로후서 3:8

우리가 "예수 그리스도 외에 사람이 닦아 둔 다른 터가 없다"(고전 3:11 참조)는 것과 "나는 하나님의 은혜로 값없이 의롭다 하심을 받았다"(롬 3:4 참조)는 주장을 고수한다면, 사탄은 이렇게 반박합니다. "하지만 나무는 그 열매를 보면 알 수 있는 거야. 너는 칭의의 열매를 맺고 있니? 네 생각은 예수 그리스도의 생각과 같니? 너는 죄에 대하여 죽고 의에 대하여 살았니?"

그러면 우리는 우리 영혼에서 느끼고 있는 보잘것

주님은 당신 안에서
이루어져야 할 필요가 있는 일을
시간이 부족해서 이루지 못할 분이 아닙니다.
주님을 신뢰하며 간구하십시오.

없는 열매를 하나님의 충만한 약속과 비교하다가 곧 이런 결론을 내리려 할 것입니다. "분명히 하나님은 내 죄가 용서되었다고 말씀하시지 않으셨어! 그렇다면 내 죄가 탕감받지 못한 것이 아닐까? 성화된 사람들 사이에서 내 운명은 어떻게 되는 거지?"

그러나 다음 말씀을 당신의 목에 걸고 마음에 새기십시오. "나는 믿음으로 하나님의 의로 인해 하나님 앞에 용납되었다." 세상을 너무나 사랑하셔서 독생자를 주시고, 그분을 믿는 사람이면 누구든지 멸망하지 않고 영생을 얻게 하신 하나님의 값없는 은혜를 더욱더 찬양하십시오(요 3:16 참조).

그러면 온갖 경건치 못한 것들이 산을 이룬다 할지라도, 하나님의 평화가 고요한 시내로 흐르게 될 것입니다. 주님이 당신의 마음을 완전히 소유하기 위해 오시는 그날, 하나님의 평강이 가득 찰 것입니다. 주님은 당신의 영혼에서 이루어져야 할 필요가 있는 그 일을 시간이 부족해서 이루지 못할 분이 아니십니다. 하나님이 정하신 때가 최선의 때입니다. 그러므로 모든 일을 하나님께 간구하고 그분을 신뢰하십시오. 왜냐하면 하나님은 당신에게 좋은 것은 어떤 것도 아끼지 않는 분이시기 때문입니다.

소명의 일

썩을 양식을 위하여 일하지 말고.
_요한복음 6:27

당신이 세상의 일을 추구하며 열심히 사는 목적은 무엇입니까? "나 자신과 우리 가족을 위해 필요한 것들을 얻기 위해서입니다." 이 대답은 나름대로 훌륭한 대답입니다. 하지만 그리스도인에게는 충분한 답변이 아닙니다. 예수 그리스도를 믿는 우리는 훨씬 더 풍성한 길을 향해 나아가야만 합니다.

모든 일에 있어서 우리의 목적은 하나님을 기쁘시게 하는 것이어야 합니다. 하늘에서 천사들이 하나님을

의에 경건을 더하도록 힘쓰십시오.
손으로 수고할 뿐만 아니라 기도를 하십시오.
평안함이나 쾌락, 부요함을 추구하기보다
하나님의 영광을 추구하십시오.
이것이 가장 좋은 길입니다.

섬기는 것처럼 이 땅에서 우리 자신의 뜻이 아니라 하나님의 뜻을 이루기 위해 노력해야 합니다. 우리는 영생까지 지속될 것을 위해 부름받은 존재이기 때문입니다.

다른 한편, 당신은 세상의 일을 어떤 방식으로 처리합니까? 아마도 전심을 다하여 부지런하게 할 것입니다. '정의롭게' 하는 것은 '모든 상황 가운데서 마땅히 해야 할 것을 하는 것'입니다. 그리고 '자비롭게' 하는 것은 '다른 사람들이 당신에게 해 주기를 바라는 대로 모든 사람에게 행하는 것'입니다. 하지만 그리스도인들은 이보다 더 나아가라는 부르심을 받았습니다.

의에 경건을 더하도록 힘쓰십시오. 손으로 수고할 뿐만 아니라 끊임없이 마음으로 기도하십시오. 이것이 없으면, 모든 부지런함과 정의는 그저 그들이 정직한 사람임을 보여 줄 뿐입니다. 우리는 정직한 이방인들보다 '더 좋은 길'을 가야만 합니다.

당신은 어떤 가치를 따라 살고 있습니까? 세상의 가치입니까 아니면 그리스도의 가치입니까? 그리스도의 정신으로 행동한다면, 당신의 뜻을 하나님의 뜻에 굴복시키면서 모든 일을 기꺼이 희생하는 마음으로 감당할 수 있습니다. 평안함이나 쾌락 혹은 부요함을 추구하기보다 하나님의 영광 이외에는 그 어떤 것도 목표로 하지 않습니다. 이것이 세상의 일을 하며 살아가는 가장 좋은 길입니다!

하나님의 선하심을 향해 부르짖으라

은혜를 더하게 하려고 죄에 거하겠느냐 그럴 수 없느니라.
_로마서 6:1-2

믿음으로 우리를 값없이 구원하시고 의롭다 하시는 하나님의 자비를 이야기하면, 사람들이 죄를 짓도록 장려하는 것이라고 생각해서 그것을 말하지 않는 사람들이 있을 것입니다. 사실, 그렇게 볼 수도 있습니다. 그러나 사람들이 은혜를 더하게 하려고 계속해서 죄를 짓게 되면, 그들의 피가 그들 머리 위에 임하게 됩니다. 선하신 하나님은 분명히 그들이 회개하도록 촉구하실 것이고, 이에 대해 마음이 진실한 사람은 회개할 것입니다.

하나님은 짧은 시간 안에 많은 일을 할 수 있습니다.
하나님이 지정하신 모든 수단들을 사용하여
그분을 추구하며, 낙심하지 말고,
간절히 기도하십시오.

참회하며 하나님을 추구하는 사람이 여전히 하나님의 용서의 은혜가 있음을 알게 될 때, 그들은 역시 예수 그리스도 안에 있는 믿음을 통하여 그들의 죄를 도말하여 주시기를 큰 소리로 부르짖게 될 것입니다. 그리고 그들이 간절히 부르짖는 가운데 낙심하지 않고, 하나님이 지정하신 모든 수단들을 사용하여 그분을 추구하며, 그분이 오실 때까지 다른 것으로 위로받기를 거절한다면, 하나님이 찾아오실 것이고 지체하지 않으실 것입니다(히 10:37). 그리고 하나님은 짧은 시간 안에 많은 일을 하실 수 있습니다.

사도행전은, 하늘로부터 떨어지는 번갯불처럼, 하나님이 많은 사람들의 마음속에서 이 믿음을 일으키신 사례들을 기록하고 있습니다. 바울과 실라가 설교하기 시작한 바로 그때에, 간수가 회개하여 믿고 세례를 받았습니다. 오순절에 사도 베드로가 처음으로 설교했을 때 삼천 명이나 회개하고 믿었던 것도 바로 그런 경우였습니다. 하나님을 송축하십시오. 오늘날에도 여전히 하나님은 '구원하는 능력'을 가지고 계시다는 생생한 증거들이 많이 있습니다.

주님을 향한 추구와 순종

순종이 제사보다 낫고.
_사무엘상 15:22

"가만히 서 있으라"는 표현이 나오는 또 다른 본문은 이렇게 기록하고 있습니다. "어떤 사람이 와서 여호사밧에게 전하여 이르되 '큰 무리가 바다 저쪽 아람에서 왕을 치러 오는데…' 여호사밧이 두려워하여 여호와께로 낯을 향하여 간구하고 온 유다 백성에게 금식하라 공포하매 유다 사람이 여호와께 도우심을 구하려 하여 유다 모든 성읍에서 모여와서 여호와께 간구하더라 여호사밧이 여호와의 전… 회중 가운데 서서 이르되… 여호

유다 자손은 주님을 찬양하며 그분께 순종했습니다.
하나님이 지정하신 은혜의 수단들을 사용하면서
하나님의 은혜를 기다리십시오.

와의 영이 회중 가운데에서⋯ 야하시엘에게 임하셨으니⋯ 야하시엘이 이르되⋯ '들을지어다 여호와께서⋯ 너희에게 말씀하시기를

> 너희는 이 큰 무리로 말미암아 두려워하거나 놀라지 말라⋯. 내일 너희는 그들에게로 내려가라⋯. 이 전쟁에는 너희가 싸울 것이 없나니 대열을 이루고 서서 너희와 함께 한 여호와가 구원하는 것을 보라.' ⋯이에 백성들이 아침에 일찍이 일어나서⋯ 나가니라⋯. 그 노래와 찬송이 시작될 때에 여호와께서 복병을 두어 유다를 치러 온 암몬 자손과 모압과 세일 산 주민들을 치게 하시므로 그들이 패하

였으니… 그들이 서로 쳐죽였더라."_역대하 20:2-23

유다 자손들은 주님께 순종했습니다. 또한 그분을 노래하고 찬송했습니다. 그리하여 유다의 자손들은 구원을 목격했습니다. 이처럼 우리가 하나님이 지정하신 은혜의 수단들을 사용하면서 하나님의 은혜를 기다리지 않는다면 어떻게 이 모든 것을 경험하며 증거할 수 있겠습니까? 거친 삶의 현실 앞에서 '가만히 서서' 주의 은혜를 기다리십시오.

건강한 몸 만들기

그런즉 너희가 먹든지 마시든지 무엇을 하든지
다 하나님의 영광을 위하여 하라.
_고린도전서 10:31

우리의 영이 입고 있는 이 "흙 집"(욥 4:19)은 계속해서 수리를 해야 할 필요가 있습니다. 그렇지 않으면 자연이 요구하는 것보다 더 일찍 땅에 묻히고 말 것입니다. 일용할 양식은 이것을 방지하고, 자연의 쇠락을 보수하는 데 필수적입니다. 이교도의 세계에서 음식을 먹기 직전에 그들의 신을 기리기 위해 술을 조금 따르는 것은 일반적인 일이었습니다(비록 이교의 신들은 귀신이었지만 말입니다. 고전 10:19-21 참조). 예전에 한때는 이 땅에도 바로 그와 같은 관행이 있었습니다. 모든 가장들이 음식을 먹기 전에 주님의 은혜를 구하고 또 모든 복을 주시는 하나님께 감사를 드리기 위해 기도하는 것보다 더 좋은 길이 어디 있겠습니까?

음식의 양에 대해 말하자면, 건강한 사람들은 일반적으로 과식을 하지 않습니다. 최소한 음식을 물리도록 먹거나 술에 취하지 않습니다. 음식을 먹을 때에는 보통 약간의 웃음을 섞어 경계심 없이 편안하게 먹습니다. 이러한 태도가 소화에 도움이 된다고 합니다.

몸과 마음의 건강을 증진시키는 데 좋은 소박한 음식을 먹는 것이 건강에 좋습니다. 배가 고프면 음식이 더 맛있다고 합니다. 하지만 그보다 더 좋은 반찬은 기꺼이 감사하는 것이며, 그렇게 즐겁게 먹는 음식이 가장 훌륭한 음식입니다. 그러면 당신은 적은 양의 음식을 대하면서도 그것을 영생에 대한 하나님의 약속으로 받을 수 있을 것입니다.

주님의 사랑을 찬양하라

주께서 이르시되… 내 법을 그들의 생각에 두고
그들의 마음에 이것을 기록하리라…
내가… 그들의 죄를 다시 기억하지 아니하리라.
_히브리서 8:10, 12

구원의 과정에서 은혜의 수단들을 사용할 때, 당신이 자신의 행동을 스스로 얼마나 대견해하고, 얼마나 훌륭하게 여기며, 얼마나 교만한 마음을 갖고 있는지 한번 점검해 보아야 합니다. 이러한 태도는 모든 것을 독으로 바꾸는 것입니다. 하나님이 우리를 구속하신 이유는 우리의 행위나 의로움 때문이 아니라 우리 구주 하나님의 자비와 사랑 때문입니다. 그렇게 하여 우리는 영생의 상속자가 되었습니다(딛 3:4-7 참조).

한편, 이런 생각을 해 보십시오. "하나님이 거기 계시지 않다면, 이런 은혜의 수단들을 사용하는 것이 무슨 유익이 있겠는가? 나는 죄에 죄를 더하고 있는 것이 아닌가? 오, 주님! 나를 구원하소서. 내가 죽게 생겼습니다! 이 죄과를 내게 돌리지 마옵소서!"

하나님이 거기 계시고, 하나님의 사랑이 당신의 마음에 흐른다면, 당신은 이미 외적인 행위를 중요하게 여기지 않게 되었을 것입니다. 당신은 하나님이 전부임을 알고, 눈으로 확인하며, 느끼고 있기 때문입니다.

낮아지십시오. 그분 앞에 엎드리십시오. 그분께 모든 찬양을 드리십시오. 만물 안에 계신 하나님이 그리스도 예수를 통해 영광을 받게 하십시오. 마음 깊은 곳에서부터 이렇게 외치기 바랍니다. "내가 여호와의 인자하심을 영원히 노래하며, 내 입술로 여호와의 진실하심을 대대에 이야기할 것입니다"(시 89:1, 시 100:5 참조).

은혜를 위한 기도

여호와여 주의 도를 내게 가르치시고
내 원수를 생각하셔서 평탄한 길로 나를 인도하소서.
_시편 27:11

하나님이 죄인을 인도하시는 섭리를 알게 되면, 각 사람에 맞게 추천할 수 있는 은혜의 수단이 무엇인지 배울 수 있게 됩니다. 어떤 사람이 무심한 죄인이어도, 구원에 대해 일말의 관심을 갖고 있다면, 그에게 영향을 미칠 수 있는 것은 아마도 듣는 것이나, 대화하는 것일 것입니다. 자기 죄의 무게를 느끼기 시작한 사람이라면, 하나님의 말씀을 듣는 것뿐 아니라, 성경을 읽고, 신앙 서적들을 읽는 것이 더 깊은 확신을 주는 도구가 될 것입니다. 이렇게 되면 말씀을 깊이 묵상하며 새로운 마음으로 변화될 것을 권고할 수 있습니다. 그리고 자유롭게 말하는 것, 특히 같은 길을 걷고 있는 사람들과 대화를 나누는 것도 도움이 됩니다.

괴롭고 번민이 많을 때 자기 영혼을 하나님 앞에 쏟아 놓고, 항상 기도하며 낙심하지 말라는 진실하면서 간곡한 권고를 들어야 합니다. 기도가 아무 소용이 없다는 느낌이 들 때도, 주님의 집으로 올라가서 그분을 두려워하는 모든 사람들과 함께 기도해야 합니다. 또한 주님의 말씀에 의지하여 성만찬에 참여하며 다른 성도와의 기쁨의 교제를 회복해야 합니다.

우리는 거룩하신 성령의 움직임을 주시해야 합니다. 왜냐하면 사람은 자기 자신의 뜻을 따라서가 아니라 길을 여시고 앞서 가시는 하나님의 섭리와 성령에 따라, 하나님이 지정하신 모든 수단들을 통하여, 한 걸음 한 걸음 나아가며 성장하기 때문입니다.

영적 생명을 유지하는 법

성령으로 난 사람도 다 그러하니라.
_요한복음 3:8

한 사람이 하나님으로 인해 성령으로 거듭날 때, 그의 존재 방식은 놀랍게 변화됩니다! 이제 그의 온 영혼은 확실한 경험을 통하여 성령의 움직임에 민감하며, 하나님께 "당신은 내 침상에 계시고 내 길에도 계십니다"라고 고백할 수 있습니다.

새로 태어난 거듭난 영혼에게 하나님의 영, 곧 생기가 곧바로 불어넣어집니다. 그리고 하나님으로부터 불어넣어진 생기가 다시 하나님께로 돌아갑니다. 그러면 계속해서 믿음으로 반응하며 사랑과 기도와 찬양과 감사로 화답할 수 있습니다. 사랑하고, 기도하며, 찬양하는 것은 영혼의 생명과 같습니다. 이를 통하여 영적 생명이 유지될 뿐만 아니라 날마다 증진됩니다.

이제 그의 눈이 열려 보이지 않는 하나님을 보게 됩니다. 그는 자신을 향한 하나님의 용서하시는 사랑과 그분의 위대하고 소중한 모든 약속들을 분명하게 인식합니다. 또한 귀가 열려서 하나님의 음성이 공허하게 울리지 않습니다. 자기 목자의 음성을 알고, 그 음성을 들으며 천국의 부르심에 순종합니다.

이제 그의 모든 영적 감각들이 깨어나고, 보이지 않는 세계와 분명하게 소통합니다. 하나님의 평화가 무엇인지 압니다. 모든 믿는 자들의 마음에 부어지는 하나님의 사랑과 성령 안에 있는 기쁨을 누립니다. 베일이 벗겨졌습니다. 이제 그 영과 하나님의 빛, 지식, 사랑 사이를 가로막는 것은 아무것도 없습니다.

온전한 그리스도인의 조건

네 마음을 다하고 목숨을 다하고 뜻을 다하여
주 너의 하나님을 사랑하라.
_마태복음 22:37

온전한 그리스도인이 된다는 것은 무엇을 의미합니까? 첫째로, 하나님의 사랑입니다. 하나님의 말씀이 그렇게 증거하고 있습니다. "네 마음을 다하고 목숨을 다하고 뜻을 다하고 힘을 다하여 주 너의 하나님을 사랑하라"(막 12:30). 이것은 온 마음을 채우고, 모든 애정을 쏟으며, 영혼이 할 수 있는 전 능력을 메우고, 또 그 재능을 최대한으로 사용하는 성숙한 사랑입니다.

하나님을 사랑하는 사람은 또한 하나님 안에서 기

뻐합니다. 그의 기쁨은 자신의 주이시며 모든 것이 되시는 주님 안에 있으며, 모든 것에 있어서 그분께 감사를 드립니다. 그의 모든 갈망은 하나님을 향하고, 그분의 이름을 기념하는 것입니다. 그의 마음은 항상 이렇게 부르짖고 있습니다. "하늘에서는 주 외에 누가 내게 있으리요 땅에서는 주밖에 내가 사모할 이 없나이다"(시 73:25).

실로 하나님 외에 무엇을 바랄 수 있겠습니까? 세상도 아니고 세상에 속한 것들도 아닙니다. 왜냐하면 그분은 세상에 대해 십자가에 못 박혔고 세상은 그분에 대하여 십자가에 못 박혔기 때문입니다. 그분은 육체의 정욕, 안목의 정욕, 이생의 자랑에 대해 십자가에 못 박혔습니다. 그는 모든 종류의 자랑에 대해 죽었습니다. "사랑은 교만하지 않기" 때문입니다. 사랑 안에 거하는 사람은 하나님 안에 거하며, 하나님은 그 안에 거하십니다. 겸손한 자세로 온전한 그리스도인의 자세로 하나님의 사랑 안에 거하십시오.

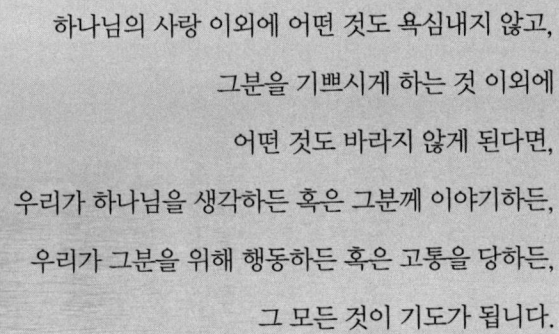

하나님의 사랑 이외에 어떤 것도 욕심내지 않고,
그분을 기쁘시게 하는 것 이외에
어떤 것도 바라지 않게 된다면,
우리가 하나님을 생각하든 혹은 그분께 이야기하든,
우리가 그분을 위해 행동하든 혹은 고통을 당하든,
그 모든 것이 기도가 됩니다.

_존 웨슬리

기도를 의지하는 것

나더러 주여 주여 하는 자마다 다 천국에 들어갈 것이 아니요.
_마태복음 7:21

"나더러 주여 주여 하는 자마다 다 천국에 들어갈 것이 아니요." 이 본문에서 우리 주님이 하신 표현은 모든 좋은 말들, 모든 종교적인 언어들을 의미합니다. 그것은 우리가 외우는 모든 말씀, 우리가 하는 모든 신앙고백, 반복해서 드리는 수많은 기도, 하나님께 하는 모든 감사의 표현들을 포함합니다.

우리는 그분의 이름을 좋게 이야기하고 그분의 인자하심을 모든 사람에게 선포할지 모릅니다. 날마다 그

> 복음을 전하며 많은 영혼을 구원했을지라도
> 이것은 철저하게 하나님의 능력과
> 성령의 능력입니다.
> 그러므로 자신이 복음을 전한 후에
> 넘어지지 않도록 주의 긍휼을 간구해야 합니다.

분의 온갖 능하신 행위들을 이야기하고 그분의 구원을 말할 수도 있습니다.

영적인 것을 영적인 것에 비유함으로써, 하나님 말씀의 의미를 보여 줄 수도 있습니다. 태초부터 숨겨진 하나님 나라의 비밀을 설명할 수도 있을 것입니다.

하나님의 깊은 것들과 관련해서 사람의 말이 아니라 천사의 말을 할 수도 있습니다. 우리는 죄인들에게 이렇게 선포할 수도 있습니다. "보라 세상 죄를 지고 가는 하나님의 어린양이로다"(요 1:29 참조).

실제로 우리는, 많은 영혼들을 죽음으로부터 구원하고 수많은 죄를 감출 정도로, 하나님의 능력과 성령의 능력으로 이 일을 할 수도 있을 것입니다. 이것이 가능하긴 하지만, 그러나 이 모든 것은 위의 본문에서 "주여, 주여"라고 외치는 뜻과 다름없는 것입니다. 그러므로 다른 사람들에게 성공적으로 설교를 하면서 많은 영혼들을 지옥으로부터 구원했을지라도, 정작 자기 자신은 지옥에 떨어질 수도 있습니다. 하나님이 우리 모두에게 긍휼을 베풀어 주시기를 기도합니다.

구원을 위한 기도

여호와의 교훈은 정직하여 마음을 기쁘게 하고.
_시편 19:8

죄인을 구원하실 때, 하나님은 일반적으로 이런 은혜의 수단들을 일정한 순서에 따라 사용하기를 좋아하십니다. 한 사람이 아무 생각 없이 자기 자신의 길을 걸어갑니다. 하나님은 의식을 일깨우는 설교나 대화, 경외심을 불러일으키는 섭리, 혹은 어떤 외적인 수단도 사용하지 않고 깨닫게 하시는 성령으로 어루만지셔서, 부지중에 그에게 다가가십니다.

그러면 그는 하나님의 진노를 피하고자 하는 마음

을 갖게 되고, 어떻게 해야 구원을 받을 수 있는지 관심을 보이며 의식적으로 들으려고 합니다. 마음을 감동시키는 설교자를 발견하면, 그는 기쁜 마음으로 성경을 가까이하기 시작합니다.

말씀을 더 많이 듣고 더 많이 읽을수록, 더욱 확신을 갖게 되고, 밤낮으로 더욱 말씀을 묵상하는 삶을 살게 됩니다. 은혜의 수단들을 통해서 그의 영혼에 확신하는 화살이 깊숙이 박히게 됩니다. 그는 무슨 말을 해야 할지 잘 알지 못하지만, 하나님의 일을 이야기하고 그분께 기도하기 시작합니다. 어쩌면 그것은 그저 '말할 수 없는 탄식'일 뿐이거나, 지극히 높고 거룩하신 하나님이 자신과 같은 죄인에게 관심이 있을지 의심하면서 드리는 기도일 수 있습니다. 그래서 그는 하나님을 아는 사람들, 회중들과 함께 기도하러 나아갑니다. 그는 다른 사람들이 성만찬에 참여하는 것을 봅니다. 그는 "그리스도께서 '이것을 행하라'고 말씀하셨어! 내가 어떻게 행하지 않을 수 있겠어? 나는 너무 중한 죄인이고, 아무런 가치가 없는 사람이야"라고 생각합니다.

그는 한동안 고심을 하지만, 마침내 그것을 극복하고, 계속해서 하나님의 길에 거합니다. 하나님을 기쁘시게 하는 자세로 말씀을 듣고, 읽으며, 묵상하고, 기도하며, 성만찬에 참여합니다. 마침내 하나님은 "네 믿음이 너를 구원하였으니, 평안히 가라"고 말씀하실 것입니다.

경건의 모양 갖추기

경건의 모양은 있으나 경건의 능력은 부인하니.
_디모데후서 3:5

　　경건의 모양을 가진 사람들은 단순히 모든 외적인 악을 삼가는 것만이 아니라 적극적으로 모든 가능한 선을 행합니다. 그들은 또한 기회가 있을 때마다 은혜의 수단들을 사용하며, 특별히 가능한 한 자주 교회에 갑니다. 그들은 외양을 천박하게 꾸미지 않고, 무례하게 행하지 않으며, 사람에게 무관심하거나 냉담하게 대하지 않습니다. 그들은 예배 시간에 잠을 자거나 비스듬한 자세를 취하지 않습니다. 또한 하나님이 주무시고 계시는

위선자가 되지 말고,
외적인 행동으로부터 자연스럽게 묻어나는
진실함과 신실함을 갖추십시오.

것처럼, 서로 잡담을 나누거나 그저 축복을 받기 위해 하나님께 드리는 기도를 이용하는 것 같은 행동도 하지 않습니다.

절대 불의한 자처럼 행동하지 않습니다. 그들은 장엄한 예배의 모든 순간에 진지하게 임하며, 주의하여 행동합니다. 성만찬에 참여할 때는 특히 그렇습니다. 그들은 부주의하게 행동하지 않고, 도리어 "하나님, 이 죄인을 불쌍히 여기소서"라고 말하는 자세로 나아갑니다. 그들이 가장이라면 가족 기도회를 실천하고, 하나님께 개인적으로 기도하기 위한 시간을 떼어 놓습니다.

경건의 모양을 갖춘 사람들은, '유사 그리스도인'

이라고 할 수 있는데, 이런 외적 행동으로부터 흘러나온 진실하고 내면적인 종교의 원칙, 신실함도 가지고 있습니다. 사실, 신실함이 없다면, 그 사람은 가장 기본적인 정직조차 없는 것입니다. 왜냐하면 벌을 받을까 봐 두려워서 죄를 짓지 않는 사람과 덕을 사랑하여 그렇게 하는 사람은 이교도들도 구별할 수 있기 때문입니다. 내면의 신실함이라는 원칙도 없다면, 그 사람은 '유사 그리스도인'조차 되지 못합니다. 오히려 그는 전적으로 위선자에 불과합니다.

기도로 무장하기

마귀의 간계를 능히 대적하기 위하여 하나님의 전신갑주를 입으라.
_에베소서 6:11

하늘에 있는 악한 영들은 불신, 자만, 우상숭배, 악의, 질투, 분노, 증오를 불어넣기 위해 끊임없이 분투하고 있습니다. 그들을 대적하기 위해 무장하십시오. 하늘은 한때 그들이 거하던 곳이며, 허락되는 한 지금도 여전히 열망하는 곳입니다. 그러므로 우리에게는 "하나님의 전신갑주"가 필요합니다.

"악한 날에"(엡 6:13)는 끊임없이 전쟁이 일어나지만, 어떤 날의 전투는 더 격렬한 날도 있고 그렇지 않은

내면의 진실함이 없으면,
"악한 날"이 되었을 때 힘을 발휘할 수 없습니다.
순종하는 마음과 성장하려는 의지,
믿음과 사랑 안에 굳게 서십시오.

날도 있음을 나타냅니다. "악한 날"은 죽음이 임박한 때일 수도 있고 생명이 있는 동안일 수도 있습니다. 그것은 짧을 수도 있고 길 수도 있으며, 수없이 다양한 양상을 띨 수 있습니다.

    무장을 하고 경비를 굳게 하려면, 계속해서 경계하고 기도해야만 합니다. 그러면 당신은 끝까지 견딜 수 있고 "마지막 날"에 인자의 얼굴을 기쁨으로 바라보며 설 수 있게 될 것입니다.

    모든 전투에 준비되어 있기 위해서는, 진리의 허리띠를 하십시오. 복음의 진리뿐만 아니라 '중심의 진실함'으로 하십시오(시 51:6). 우리 주님도 그렇게 하셨다고 묘사되어 있습니다(사 11:5).

내면의 진실함이 없으면, "악한 날"이 되었을 때 진리에 대한 우리의 모든 지식은 형편없는 "허리띠"일뿐임이 판명될 것입니다. 허리띠를 졸라매고 준비된 사람들이 언제든 앞으로 나아갈 준비가 되어 있는 것입니다. 따라서 진리의 허리띠는 순종하는 마음과 성장하려는 의지, 믿음과 사랑이 분리되지 않고 함께하고 있음을 보여 주는 것입니다.

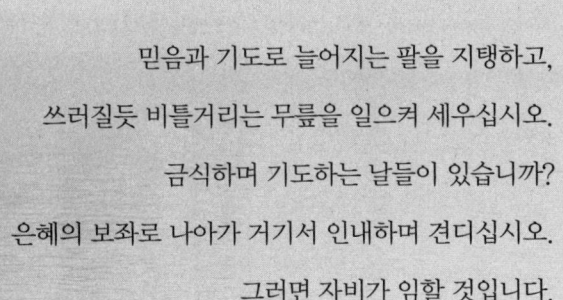

믿음과 기도로 늘어지는 팔을 지탱하고,
쓰러질듯 비틀거리는 무릎을 일으켜 세우십시오.
금식하며 기도하는 날들이 있습니까?
은혜의 보좌로 나아가 거기서 인내하며 견디십시오.
그러면 자비가 임할 것입니다.

_존 웨슬리

악을 금하라

주께서 그 사랑하시는 자를 징계하시고.
_히브리서 12:6

우리 모든 가정들이 주님을 섬기기 위해서 할 수 있는 일이 무엇입니까? 우선, 하나님의 이름을 헛되게 부르는 것이나 주님의 날에 아무런 필요가 없는 일을 하는 것 등의 외적인 모든 죄를 금하기 위해 노력하지 않겠습니까? 직장에서 피고용인들은 논리적인 주장이나 설득을 통해 제약을 받습니다. 만일 그들이 계약에 따른 제약을 받기를 거부한다면, 아무리 불편한 일이라 하더라도 고용인은 그들을 해고하려고 할 것입니다.

배우자와는 간음한 일 이외에는 헤어져서는 안 됩니다. 다른 경우에, 공개적인 죄가 습관적으로 이루어질 때는 어떻게 해야 할까요? 그럴 때 할 수 있는 일은, 한편으로는 모범을 보이고, 또 한편으로는 논쟁이나 설득을 통해, 기독교적 분별을 가르치는 방법밖에 없습니다.

악을 정복하려면 선으로 대해야만 합니다. 사탄이 사용하는 무기를 가지고 사탄을 이길 수 없습니다. 그 악이 선으로 극복될 수 없다면, 우리는 그것으로 고통을 당해야 하는 것입니다. 하나님이 최선이라고 보시는 때에 악을 제거해 주실 것입니다. 그러는 동안, 계속해서 간절히 기도하십시오. 때가 되면 하나님이 그 시험을 걷어가시거나, 그 일이 당신의 영혼에 축복이 되게 하실 것입니다.

자녀들이 어릴 때는 충고와 설득, 책망을 통해 가르치거나 처벌을 통해서도 악을 금할 수 있습니다. 물론 처벌하는 방법은 맨 나중에, 다른 모든 방법을 시도해

보고 효과가 없다는 것이 밝혀진 다음에 사용하십시오. 그리고 이 모든 것은 온화하고 친절하게 이루어져야 합니다. 그렇지 않으면 당신의 영은 상실의 고통을 느끼게 될 것이고 자녀는 교훈을 얻지 못할 것입니다. 당신이 하나님보다 더 지혜롭다고 생각하지 마십시오. 하나님은 "네 아들에게 희망이 있은즉 그를 징계하되 죽일 마음은 두지 말지니라"(잠 19:18)고 말씀하십니다.

만유가 되시는 그리스도

오직 그리스도는 만유시요 만유 안에 계시니라.
_골로새서 3:11

지구상에는 아무런 방법이 없다 할지라도 하나님은 친히 은혜를 베푸실 수 있다는 것을 우리는 알고 있습니다. 이런 의미에서, 우리는 하나님에게는 어떤 수단이라고 할 만한 것이 없다는 것을 확신할 것입니다. 하나님은 어떤 수단을 사용하거나, 혹은 아무것도 사용하지 않더라도, 스스로 기뻐하시는 일은 무엇이든 하실 수 있습니다.

더 나아가 우리 인간 편에서는 모든 수단을 동원한다 하더라도 단 하나의 죄도 속죄하지 못할 것이라는 사실을 알고 있습니다. 그것을 통해 죄인이 하나님과 화해할 수 있게 하는 것은 오직 그리스도의 피밖에 없습니다. 우리의 죄를 속할 다른 대속물이 없고, 죄와 더러움을 사할 다른 방법이 없습니다.

그리스도를 믿는 모든 신자들은 그분 외에는 어떤 공로도 없다는 것을 깊이 확신합니다. 그들 자신의 행위에는 아무런 공로가 없습니다. 기도를 읊조리거나, 성경을 뒤적이거나, 하나님의 말씀을 듣거나, 혹은 성만찬에서 떡을 떼고 포도주를 마시는 것 자체에는 공로가 없습니다. "그리스도가 유일한 은혜의 수단이다"라고 말하는 것이 그분만이 유일하게 자랑할 만한 은혜의 근거라는 뜻이라면, 하나님의 은혜를 아는 사람은 이 사실을 반박할 수 없습니다. 사도 바울의 말대로, "그리스도는 만유시요 만유 안에 계시기" 때문입니다.

단지 기도만 해서는 안 된다

그날에 많은 사람이 나더러 이르되
주여 주여 우리가 주의 이름으로 선지자 노릇 하며.
_마태복음 7:22

주님은 자기 안에 하나님 나라를 가지고 있지 않은 사람은 천국에 들어가지 못할 것이라고 자주 선언하셨습니다.

하지만 그분은 또한 그 말씀을 받아들이지 않는 사람들도 있다는 것을 잘 알고 계셨습니다. 그래서 주님은 구원에 대해 더 분명히 말씀해 주십니다. '많은 사람이 (한 사람도 아니고, 몇 사람도 아니며, 그것은 드문 일이 아니다) 나더러 이르되' 우리가 많이 기도하였을 뿐만 아니라, 주

하나님을 향하여 바른 마음을 갖고
온유하며 겸손한 사람이 되십시오.
하나님의 법을 지키며, 온전한 사랑 가운데 거해야
집을 반석 위에 짓는 자가 됩니다.

님을 찬양하였고, 악한 일을 하지 않았으며, 그보다 훨씬 더 큰 일, '주의 이름으로 선지자 노릇'도 하였습니다. 우리는 사람들을 향한 당신의 뜻을 선포하였고, 죄인들에게 평화와 영광에 이르는 길도 보여 주었습니다. 그리고 우리는 복음의 진리에 따라 '주의 이름으로' 이런 일을 하였습니다. 당신의 이름으로, 말씀의 능력과 성령의 능력으로 '귀신을 쫓아내며 주의 이름으로(우리의 능력이 아니라 주의 능력으로) 많은 권능을 행하지 아니하였나이까' 하고 말할 것입니다.

하지만 예수님은 말씀하십니다. "그때에 내가 그들

에게 밝히 말하되 내가 너희를 도무지 알지 못하니." 이 말은 다음과 같습니다. "나는 절대 너희를 내 사람으로 알지 못한다. 왜냐하면 너희 마음이 하나님을 향하여 바르지 않기 때문이다. 너희는 온유하고 겸손하지 않았다. 너희는 하나님과 온 인류를 사랑하는 자가 아니었다. 너희는 하나님의 형상으로 새롭게 되지 않았다. 너희는 내가 거룩한 것처럼 거룩하지 않았다. 그런 모든 일을 행하였음에도 불구하고, '불법을 행하는 자들아, 내게서 떠나가라'는 말을 듣는다. 그들은 나의 법, 나의 거룩하고 온전한 사랑의 법을 침범한 자들이다. 너희는 모래 위에 집을 지은 자들이다."

하나님의 온전한 법을 따라 살며 집을 반석 위에 짓는 지혜로운 사람이 됩시다.

기도는 유익하게 시간을 보내는 방법

너희 말을 항상 은혜 가운데서 소금으로 맛을 냄과 같이 하라.
_골로새서 4:6

　식사 시간은 보통 대화를 나누는 시간입니다. 대화는 우리의 몸을 건강하게 하고 마음을 새롭게 하는 자연스러운 행동입니다.

　대화의 주제는 고자질이나 험담 혹은 독이 가득한 말이 아니라 악의가 없고, 품위 있으며, 진실하고, 부드러운 말이어야 합니다. 또한 그 대화는 선해야 합니다. 그 자체로도 선하고 목적도 선한 것이어야 합니다. 당신은 실제로 세상의 일을 이야기해야 합니다. 그렇지 않으면 차라리 이 세상 밖으로 나가는 편이 나을 것입니다. 하지만 세상 말은 필요한 만큼만 하고 더 나은 주제로 대화의 흐름을 바꾸어야 합니다.

또한 그 대화는 말하는 사람이나 듣는 사람을 더욱 굳게 세워 주어야 합니다. 그들의 믿음과 사랑 그리고 거룩함을 더 높이 고양하는 데 유익해야 합니다. 그리고 대화가 수다로 끝나는 것이 아니라, 이런저런 방식으로, 듣는 사람들에게 은혜를 끼치도록 하십시오. 이것이 그저 해가 없는 것보다 '더 좋은 길'입니다.

부지런히 일을 해야 하는 게 맞지만, 우리가 항상 일에 집중하고 있을 수는 없습니다. 때로는 몸과 마음에 휴식이 필요합니다. 머리를 식힐 방법은 다양한데, 그중 어떤 것이 그리스도인들에게 '더 좋은' 것일까요? 어떤 휴식은 그 자체로는 중립적이지만 그 환경이 쓸모없고, 부도덕하며 야비할 수 있습니다. 꼭 그렇지는 않을지라도 그러한 경향을 띠고 있는 일이 있습니다.

따라서 악의 없는 소일거리를 하며 시간을 보내는 대신 문제가 없을 뿐만 아니라 유익하기도 한 일들을 하십시오. 예를 들면 환자나 가난한 사람 혹은 과부나 고아를 방문하는 일들로 대체될 수 있을 것입니다. 혹은 유익한 주제의 책을 읽거나, 가장 유익하게 시간을 보내는 방법인 기도로 대체할 수도 있습니다. 사실, 기도하는 것이 '더 좋은 길' 입니다.

내 모든 소유, 내 온 마음을 드리는 일

그런즉 너희가 먹든지 마시든지 무엇을 하든지
다 하나님의 영광을 위하여 하라.
_고린도전서 10:31

세상에 보물을 쌓아 두는 것은 살인이나 간음과 마찬가지로 하나님이 분명하게 금지하신 일입니다. 그렇게 하는 것은 '진노의 날 곧 하나님의 의로우신 심판이 나타나는 그날에 임할 진노'를 쌓고 있는 것입니다.

그러나 세상에 보물을 쌓아 두는 것이 금지되지 않았다고 가정해 봅시다. 그러면 우리는 이성적으로 판단해서, 하나님이 반드시 보상하실 방식으로 돈을 소비하기보다 대신에 하나님이 아마도 용서하실 방식으로 그

진정으로 지혜로운 사람은 하나님의 도우심으로
특정한 상황에서 '더 좋은 길'을 택하려는
결심을 한 사람입니다.

것을 소비할 가능성이 크지 않겠습니까? 그렇게 되면 당신이 쌓아 놓은 것에 대해서는 천국에 아무런 보상이 없을 것이고, 잘 소비한 것에 대해서는 천국에서 상급이 있을 것입니다. 이 세상의 은행에 넣어 둔 돈은 모두 파묻어 놓은 것입니다. 그러나 가난한 사람들에게 준 돈은 모두 천국의 은행으로 들어갑니다. 그것은 영예로운 이자가 붙고, 영원토록 축적될 것입니다.

그러면 진정으로 지혜로우며 지식 있는 사람은 어떤 사람입니까? 이날, 이 시간, 이 순간에, 하나님의 도우심으로 모든 특정한 상황에서 '더 좋은 길'을 선택하려는 결심을 한 사람입니다. 잠자고, 기도하며, 먹고, 일하며, 대화하고, 또 휴식하는 가운데 더 좋은 길을 선택합니다. 특별히 아주 중요한 달란트인 돈을 사용하는 것과 관련해서 그 결심을 굳건히 유지하는 사람입니다. 당신의 마음이 하나님의 부르심에 적극적으로 반응하도록 기도하십시오.

"하나님 아버지, 이 순간부터, 하나님이 나의 도우심이 되어 주소서. 이제 더 이상 세상에 보물을 쌓아 두지 않겠습니다. 나는 이제 천국에 보물을 쌓을 것입니다. 나의 모든 소유가 원래 하나님의 것이었으므로 그것을 주님께 드리겠습니다. 또한 나의 온 마음을 주님께 드리겠습니다."

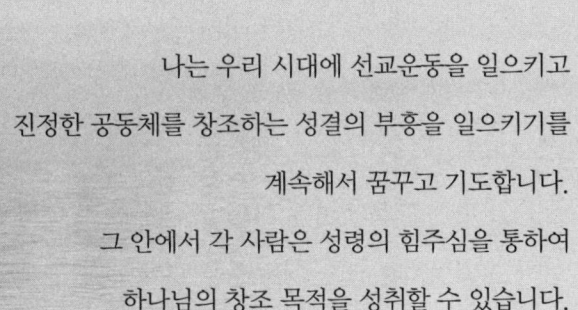

나는 우리 시대에 선교운동을 일으키고
진정한 공동체를 창조하는 성결의 부흥을 일으키기를
계속해서 꿈꾸고 기도합니다.
그 안에서 각 사람은 성령의 힘주심을 통하여
하나님의 창조 목적을 성취할 수 있습니다.

_존 웨슬리

하나님의 목적을 성취하는 방법

보라 내가 너를 연단하였으나.
_이사야 48:10

사람의 마음에 대한 절대적 권세를 가지신 하나님은, 그분의 기쁘신 뜻대로 마음의 모든 생각들을 움직이십니다. 예를 들어, 그분은 그분을 기뻐하는 사람들이 거의 아무런 어려움을 겪지 않고 '완전한 거룩함'에 이르기까지 날마다 더욱더 성장하게 하실 수 있습니다. 하지만 이것은 드문 경우입니다. 하나님은 일반적으로 자신이 기뻐하시는 사람들을 풀무불 속에서 연단하는 것을 좋게 보십니다.

고난을 당할 때 성령의 예민함을 가지고
주님을 바라보십시오.
그리고 하나님이 허락하신 목적을
성취하도록 자신을 주님께 맡기십시오.

그러므로 하나님이 사랑하는 자녀들은, 어느 정도의 시험과 여러 가지 고난을 겪게 됩니다. 진실로 거의 모든 하나님의 자녀들은 정도의 차이는 있지만 시련을 경험합니다.

우리는 분명, 영혼의 어둠에 빠지지 않기 위해 경계하고 기도하며 우리의 모든 노력을 기울여야 합니다. 그러나 어떻게 하면 시련을 피할 수 있을까에 초점을 맞추기보다 어떻게 하면 그런 시련이 왔을 때 우리 자신을 향상시킬 수 있는가에 더 주의를 기울여야 합니다. 성령의 예민함을 가지고 주님을 바라보십시오. 고난을 겪을 때 하나님이 그것을 허락하신 목적을 성취하도록 자신을 맡기십시오. 그래서 믿음이 증진되고, 소망이 더 확고해지며, 악한 성품이 사라지고, 우리의 사랑이 완전해지는 기회로 삼으십시오.

하나님이 끊임없이 우리에게 부어 주시는 은혜를 통하여, '육과 영의 온갖 더러운 것에서 자신을 깨끗하게' 하기 위해 진정으로 하나님께 자신을 내어 드리십시오. 그러면 그분의 영원한 왕국에 들어가게 될 때까지 주 예수 그리스도의 은혜 안에서 날마다 성장을 이루게 될 것입니다.

진정한 기독교

믿음이 없이는 하나님을 기쁘시게 하지 못하나니.
_히브리서 11:6

내가… 사랑이 없으면 내게 아무 유익이 없느니라.
_고린도전서 13:3

어떤 사람들은 자신들의 무고함을 기초로 구원의 소망을 키워갑니다. 당신도 이런 사람들 중에 한 명입니까? 자신이 나쁜 일을 하지 않는다는 것, 잘못을 범하지 않고 아무도 해치지 않는다는 것에 기초를 두고 있습니까? 당신은 모든 거래에 있어서 공정합니다. 모든 사람에게 마땅히 지불해야 할 것을 지불하며, 철저하게 정직을 지킵니다. 사기를 치거나 돈을 착취하는 일이 없습니다. 모든 일을 공정하게 처리합니다. 그리고 하나님께

대하여 양심을 가지고 있습니다. 어떤 명백한 죄도 짓지 않고 살아갑니다.

여기까지는 좋습니다. 하지만 그렇다고 해도 여전히 구원에 이르지는 못합니다. 선하다는 평가를 받을 수 있지만 절대로 천국에 이르지는 못할 것입니다. 이런 순전하고 악의 없는 삶이 올바른 원칙에서 흘러나온 것일 때, 그것은 그리스도 신앙의 일부입니다. 하지만 그것이 올바른 원칙에서 나온 것이 아닐 때, 그것은 전혀 신앙의 한 부분이 될 수 없습니다. 그러므로 오직 이것에 기초해서 구원의 소망을 가지고 있다면, 당신은 여전히 모래 위에 집을 짓고 있는 것입니다.

당신은 여기서 더 나아가고 있습니까? 나쁜 일을 하지 않는 것에서 더 나아가고 있습니까? 모든 은혜의 수단들을 사용하고 있습니까? 기회가 있을 때마다 성만찬에 참여하고, 공적으로 기도하는 가운데 꾸준히 개인 기도를 합니까? 할 수 있는 한 자주 금식하고, 성경 말씀을 연구하고 들으며 묵상하고 있습니까?

    참으로 믿음을 키우는 행동을 해야 합니다. 그러나 이런 행동 또한 믿음과 자비와 하나님의 사랑 그리고 성결한 마음이 없다면 아무것도 아닙니다. 천국은 마음이 성결한 영혼에게 열려 있습니다. 이런 것들을 가지고 있지 않다면, 당신은 여전히 모래 위에 집을 지은 것입니다.

갈등을 다루는 태도

네 형제가 죄를 범하거든
가서 너와 그 사람과만 상대하여 권고하라.
_마태복음 18:15

"네 형제가 죄를 범하거든 가서 너와 그 사람과만 상대하여 권고하라"는 원칙은 문자 그대로 따르는 것이 가장 좋은 방법입니다. 동료 그리스도인이 어떤 부인할 수 없는 죄를 짓는 것을 직접 보거나 들었는데, 그것이 의심할 수 없는 확실한 사실이라면, 분명하게 행동해야 합니다.

우선 주저하지 말고 그를 찾아가서 그와 당신 두 사람만 있는 데서 그의 잘못을 말하십시오.

세심하게 주의를 기울여 올바른 마음과 올바른 태도로 이야기하십시오. 어떤 마음으로 책망하느냐에 따라 책망의 결과가 성공적일 수도 있고 그렇지 않을 수도 있기 때문입니다. 온유하고 겸손한 마음으로 할 수 있도록 진심으로 기도하십시오. 온유한 마음으로 하지 않으면 사람을 바로잡을 수 없기 때문입니다(갈 6:1 참조).

또한 당신이 말하는 태도가 그리스도의 복음을 따르고 있는지 살펴보십시오. 자만이나 자부심의 냄새를 풍기거나, 독단적이거나 거만하거나, 업신여기거나 고압적이거나 비난하는 시선과 말투, 그러한 음색을 띠지 않도록 주의하십시오.

또한 어떤 형태이든 분노를 표출하지 않도록 주의하십시오. 격분하여 비난하거나, 나쁜 뜻이나 신랄함이나 자극적인 표현은 그림자라도 보이지 마십시오.

다정한 분위기 속에서 온화한 말을 사용해서 모든 것이 당신의 마음에 있는 사랑으로부터 흘러나오는 것이 되게 하십시오. 하지만 이런 온유한 모습을 보인다고 해서 정말로 심각하고 엄중한 자세로 말하지 못하는 것은 아닙니다. 가능하면, 산 자와 죽은 자를 심판하러 오실 하나님의 눈앞에 있는 것처럼, 그분의 거룩하신 말씀을 그대로 사용하여 책망하십시오.

온유한 영으로 기도하기

온유한 심령으로 그러한 자를 바로잡고.
_갈라디아서 6:1

말을 통해서 어떤 선한 일이 이루어진다면, 그 일을 하신 분은 하나님이십니다. 그분이 당신의 마음을 지키시고, 생각을 일깨우시며, 당신의 입술에 그분이 축복하시고 싶은 그런 말을 주시도록 기도하십시오.

어떤 사람이 진리에 맞선다면, 그는 진리를 아는 지식에 이를 수 없지만, 그러나 온유함으로 하십시오. '많은 물로도 꺼뜨릴 수 없는' 부드러운 사랑의 마음으로 말하십시오. 사랑으로 하면 실패하지 않습니다. 사랑은 모든 것을 정복할 수 있습니다. 위대한 사랑의 힘을 어떻게 표현할 수 있을까요?

> 사랑은 곧은 목을 숙이게 하고
> 돌을 부드러운 살로 변하게 합니다.
> 금강석같이 굳은 마음을
> 부드럽게 하고, 녹이며, 깨뜨리고, 부숩니다.

당신이 그 사람에게 직접 말할 수 없다면, 다른 사람을 통해서 그 말을 할 수 있을 것입니다. 그 사람은 당신이 완전히 신뢰할 수 있는 사람으로 신중함과 강직함을 가진 공동의 친구여야 합니다. 당신이 직접 말하는 것이 훨씬 좋은 일이기는 하지만, 아무 말도 하지 않는 것보다는 이 방법을 사용하는 것이 더 낫습니다. 오직 그 힘든 일을 해야 하는 십자가를 지지 않기 위해서 기회가 없었다고 핑계대지 않도록 주의하십시오. 당신이 직접 말할 수도 없고 대신 보낼 신뢰할 만한 사람도 찾을 수 없다면, 남은 방법은 오직 하나, 편지를 쓰는 것입니다. 그리고 어떤 상황에서는 이것이 가장 바람직한 방법이 될 수도 있습니다.

  책망을 들어야 할 사람이 격정적이고 충동적인 성격을 가진 사람이라면, 해야 할 말을 글로 써서 부드럽게 하면 훨씬 더 잘 받아들이게 만들 수도 있을 것입니다. 똑같은 내용일지라도, 많은 사람들이 직접 들을 때는 거부할 수 있는 말도 편지로 읽을 때는 받아들이는 데 거부감이 적을 수 있습니다. 편지 글의 마지막에 당신의 이름을 덧붙인다면, 직접 그 사람과 대면하며 말하는 것과 거의 같은 효과를 가져올 것입니다.

사람은 불가능하지만, 주님은 가능한 일

하나님으로서는 다 하실 수 있느니라.
_마가복음 10:27

　　하나님의 자녀는 나이와 지역, 성격에 관계없이 일반적으로 동일하게 경험하는 일이 있습니다. 우리가 비록 '영으로써 몸의 행실을 죽이고' 우리의 대적들을 날마다 약화시킨다 하더라도, 그것을 완전히 떼어놓을 수 없습니다. 칭의를 받을 때 입은 은혜를 통해서도 우리는 그것들을 제거할 수 없습니다. 아무리 경계하고 기도한다 할지라도, 우리는 우리의 마음과 행실을 완전히 깨끗하게 할 수는 없습니다.

주님이 두 번째로, "깨끗함을 받으라!"고 말씀하실 때까지 우리는 분명 그렇게 할 수 없습니다. 그 말씀을 들은 다음에야 비로소 문둥병자가 깨끗하여집니다. 그 다음에야 악의 뿌리와 정욕에 가득한 마음이 무너지고, 타고난 죄가 더 이상 힘을 발휘하지 않습니다.

우리가 회개할 때, 이런 의미에서, 우리는 "복음을 믿으라"는 부르심을 받습니다. 이것은 또한 특별한 의미로 이해되어야 하는 것이며, 우리가 의롭게 되기 위해서 믿는 것과는 다른 것입니다. 우리는 하나님의 위대하고 온전한 구원의 기쁜 소식을 믿어야 합니다.

하늘 아버지의 영광의 광채이신 예수 그리스도만이 "자기를 힘입어 하나님께 나아가는 자들을 온전히 구원하실 수 있다"는 사실을 믿으십시오. 그분은 여전히 남아 있는 모든 죄로부터 당신을 구원하실 수 있고 당신에게 부족한 것을 채우실 수 있습니다. 사람에게는 불가능하지만, 예수님께는 모든 것이 가능합니다.

아마도 기도하지 않는 죄보다
더 자주 범하는 죄는 없을 것입니다.

_존 웨슬리

경계하며 기도하기

🌱

너희가 오른쪽으로 치우치든지 왼쪽으로 치우치든지
네 뒤에서 말소리가 네 귀에 들려 이르기를
이것이 바른 길이니 너희는 이리로 가라 할 것이며.
_이사야 30:21

당신은 은혜의 자리에서 죄로 나아가는 확실한 과정이 무엇인지 압니다. 그것은 한 단계 한 단계 진행됩니다.

(1) 사랑이 넘치고 승리하게 하는 거룩한 믿음의 씨앗이 하나님으로 난 사람 안에 남아 있습니다. 그는 하나님의 은혜로 "스스로 삼가고" "죄를 범하지 못합니다."
(2) 시험이 다가옵니다. 그것은 세상으로부터, 육체로부

터, 혹은 사탄으로부터 올 수도 있습니다. 그러나 그것의 출처 자체가 중요한 것은 아닙니다.

(3) 하나님의 성령이 죄가 가까이 있음을 경고하시고 더 충분히 경계하면서 기도에 힘쓰라고 말씀하십니다.

(4) 그는 어느 정도 자신을 시험에 내어 주고, 이제 그것이 점점 더 즐거워지기 시작합니다.

(5) 성령께서 탄식하시고, 그의 믿음은 약해지며, 하나님을 향한 그의 사랑은 점차 식어갑니다.

(6) 성령께서 그에게 더욱 분명하게 책망하십니다. "이것이 바른 길이니 이리로 가라."

(7) 그는 이제 하나님의 고통스러운 음성을 외면하고, 유혹자의 즐거운 음성에 귀를 기울입니다.

(8) 믿음과 사랑이 사라져 버릴 때까지 악한 갈망이 그의 영혼에 퍼져 나갑니다.

이제 그는 외적인 죄를 범하게 되고, 주님의 능력이

그로부터 떠납니다.

하나님으로부터 나서 자신을 삼가는 사람은 죄를 짓지 않고, 또 지을 수도 없다는 것은 의심할 여지가 없는 진실입니다. 그러나 그가 "자신을 삼가지" 않을 때, 그는 탐욕과 더불어 온갖 종류의 죄를 범하게 되는 것입니다.

두 개의 대 계명

사랑하라.
_마가복음 12:30

나의 영혼이 온 마음과 힘과 생각을 다해서 주 하나님을 사랑하는 것은 그리스도인의 의에서 첫 번째로 위대한 가치입니다. 당신은 주 하나님 안에서 모든 행복을 추구하고 발견하며, 즐거움을 얻을 것입니다. 당신은 "내 아들아, 너의 마음을 내게 주어라"는 말씀을 듣고 그대로 이행할 것입니다.

가장 깊은 내면의 영혼을 다른 경쟁자가 아닌 오직 주님께서 철저히 다스리도록 하십시오. 주님께 자신을 온전히 내어드리면 온 마음으로 이렇게 외칠 수 있습니다. "나의 힘이 되신 여호와여, 내가 주님을 사랑합니다. 주님은 나의 강한 반석이시며, 신뢰할 만한 나의 구주, 나의 하나님이십니다."

두 번째 계명, 그리스도인의 의에서 두 번째 위대한 가치는 첫 번째 계명과 아주 밀접하여 떼려야 뗄 수 없는 관계에 있습니다.

"네 이웃을 네 몸과 같이 사랑하라." 여기에서 "사랑"은 '최고로 다정한 친절, 최고로 진심 어린 애정, 모든 악을 방지하거나 제거하고 가능한 모든 선을 행하려는 최고로 열렬한 바람'을 말합니다.

"네 이웃"은 '친구나 친척이나 지인들만이 아닙니다. 당신을 배려하고 친절을 베풀거나 당신의 친절에 보답하는 선한 사람들만이 아니라, 모든 사람'을 의미합니다. 한 번도 만나본 적이 없거나 이름을 들어보지도 못한 사람들도 배제하지 않습니다. 게다가 악하고 배은

망덕하며 악의적으로 당신을 이용하는 사람들도 배제하지 않습니다. "네 몸과 같이 사랑하라"는 것은 그런 사람들의 행복까지도 당신 자신의 행복을 구하는 것과 동일한 목마름으로, "네 몸과 같이" 사랑하라는 것입니다. 당신 자신을 보호하는 것과 마찬가지로 그들의 영이나 몸을 슬프게 하거나 상처 주는 것으로부터 그들을 보호하며 끈기 있게 돌보십시오. 이것이 사랑입니다.

영원히 서리라!

너희 각 사람이 동일한 부지런함을 나타내어.
_히브리서 6:11

우리는 하나님이 우리에게 보여 주신 것들에 대한 더 깊은 감각을 통해 우리 영혼에 주시는 하나님의 선물을 확인합니다. 그것은 더 부드러운 양심과 죄에 대해 더 예민한 민감성입니다. 우리는 이제 두려움이 아니라 기쁨으로 살아갑니다. 쾌락과 부와 칭찬, 이 세상의 모든 것들을 밝고 변함이 없는 영원의 빛에 비추어 볼 때 아무런 가치가 없는 것으로 여깁니다.

진정 당신은 "오, 주님! 당신은 내 불의에 자비를 베

> 하나님의 거룩하고 완전하신 뜻이
> 얼마나 매력적인지 깨닫게 되면
> 날마다 거룩한 사람으로 자라갈 것입니다.

푸시고, 내 죄악을 더 이상 기억치 않으십니다"라고 말할 수 있습니까? 그렇다면, 이제부터 사탄의 얼굴을 피하는 것처럼 반드시 죄를 피하십시오! 이제 죄는 당신이 보기에도 너무나 악한 것이기 때문입니다!

 반면에, 이제 당신은 하나님의 거룩하고 완전하신 뜻이 얼마나 매력적인지를 압니다! 그러므로 이제, 당신 안에서, 당신을 통하여, 당신에게 그 뜻이 이루어지도록 수고하십시오! 이제 당신이 더 이상 죄를 짓지 않도록, 그분의 법을 조금이라도 위반하는 일이라면 그것이 무엇인지 알고 그런 일을 행하지 않도록 경계하고 기도하십시오!

어두운 곳에 햇살이 비치면, 이전에는 볼 수 없었던 티끌들이 보입니다. 이제 의의 태양이 당신의 마음에 비추었고, 이전에는 보지 못했던 죄를 보게 됩니다. 이제 날마다 그 빛을, 하나님을 아는 지식과 사랑을, 그리스도의 영을, 그분의 생명을 그리고 그분의 부활의 능력을 더 많이 받기 위해 열심을 내십시오. 이제 당신이 이미 이룬 모든 것들을 사용하십시오. 그리하여 당신은 믿음이 보이는 실체가 되고 사랑의 법이 영원히 설 때까지 거룩한 사랑에서 날마다 자라갈 것입니다!

하나님의 사랑과 반대되는 일

무릇 내가 사랑하는 자를 책망하여 징계하노니
그러므로 네가 열심을 내어 회개하라.
_요한계시록 3:19

믿음으로 의롭다 하심을 받고 나서 얼마 지나지 않아, 신자는 곧 자기 본연의 의지, 곧 하나님의 뜻에 상반되는 뜻을 느끼게 됩니다. 의지는 모든 지적 존재들, 심지어 거룩하신 주님의 본성에서도 핵심적인 부분입니다. 그러나 주님의 인간적 의지는 항상 하늘 아버지의 뜻에 순종된 상태였습니다.

그리스도를 믿는 참된 신자들의 경우에도 종종 하나님의 뜻에 반하여 다소간 그들 자신의 뜻이 더 격상되

끊임없이 기도하며 경계하지 않으면,
세상에 대한 사랑과 욕망이 되살아납니다.
세상에 대한 쾌락을 얻는 만큼,
하나님을 잃게 되는 것이므로
회개하며 경계해야 합니다.

고 있는 것을 발견하곤 합니다. 그들은 온 힘을 다해 이러한 자기 본연의 의지와 싸우지만, 계속해서 실패를 경험합니다. 그러나 교만뿐만 아니라 자기 의지도 일종의 우상숭배입니다. 이 두 가지는 모두 하나님의 사랑에 반하는 것이며, 세상을 사랑하는 것입니다. 구원받을 때 처음 죽음에서 생명으로 옮겨졌을 때, 하나님 이외에는 아무것도 바라지 않는 것이 사실입니다. 그는 진실로, "땅에서는 주밖에 내가 사모할 이 없나이다"라고 말할 수 있습니다.

그러나 그런 마음이 항상 유지되는 것은 아닙니다. 끊임없이 경계하며 기도하지 않는다면, 우리는 세상에 대한 사랑뿐만 아니라 욕망이 되살아나고 도를 넘는 사랑이 공격해 오는 것을 느낍니다. 창조주보다 피조물들을 향한 사랑에 더 강한 충동을 느낍니다. 그것은 자녀나 부모, 남편이나 아내가 될 수 있으며, 혹은 사랑하는 친구가 될 수도 있습니다. 세상의 것들에 대한 갈망이나 쾌락에 양보하는 정도만큼, 그는 하나님을 잊어버리는 경향이 있습니다. 따라서 그리스도를 믿는 진정한 신자라 할지라도 자범죄에 대한 회개가 필요합니다.

온전한 그리스도인

우리에게 주신 성령으로 말미암아
하나님의 사랑이 우리 마음에 부은 바 됨이니.
_로마서 5:5

신자가 악을 피하고 기회가 있을 때마다 선을 행하는 것만으로 충만한 삶을 살지 못합니다. 또한 하나님을 기쁘시게 하려는 진실한 계획과 갈망으로 모든 은혜의 수단들을 진지하게 사용하는 것만으로도 충분하지 않습니다.

중대한 의문이 우리 각자에게 남아 있습니다. '하나님의 사랑이 내 마음에 부어졌는가? 내 마음은 그분이 나의 모든 것이라고 부르짖는가? 그분이 나의 기쁨인

가? 그리고 하나님을 사랑하는 자는 그들의 이웃도 사랑한다는 말씀이 내 마음에 새겨져 있는가?'

여기에서 더 나아가야 합니다. '나는 그리스도가 나를 사랑하시고 나를 위하여 자기 자신을 주셨다는 것을 믿는가? 그분의 보혈의 피를 믿는가? 하나님의 어린양이 내 죄를 지셨고 그것을 바다 깊은 곳에 돌처럼 던져 버리셔서 그분의 보혈을 통해 구속을 베푸시고 죄를 사면하셨다는 것을 믿는가? 그분의 영이 내 영과 더불어 내가 하나님의 자녀인 것을 증거하는가?'

그 누구라도 하나님이 위로부터 부르신 부르심에 미치지 못하는 데서 당신이 안주하도록 설득하지 못하게 하십시오. "우리가 아직 연약할 때에 기약대로… 경건하지 않은 자를 위하여 죽으신" 그리스도께 밤낮으로 부르짖으십시오. 그리하여 당신이 믿고 있는 예수 그리스도를 깊이 알게 되고, 진실로 온전한 그리스도인으로 성장하십시오.

예수 그리스도 안에 있는 구속을 통하여 그분의 은혜로 값없이 의롭다 하심을 얻은 당신은, 예수 그리스도를 통하여 하나님과 더불어 복된 화평을 경험하게 될 것입니다. 그리고 당신에게 주신 성령을 통하여 하나님의 사랑이 당신의 마음에 부어졌다는 벅찬 감동을 안고 살게 될 것입니다.

위로부터 주어진 것

너희가 거듭난 것은 썩어질 씨로 된 것이 아니요
썩지 아니할 씨로 된 것이니
살아 있고 항상 있는 하나님의 말씀으로 되었느니라.
_베드로전서 1:23

그저 악한 일을 하지 않고 의도적으로 죄를 짓지 않고 살아간다는 것만으로 충분하지 않습니다. 거기서 더 나아가야만 합니다. 그렇지 않으면 구원을 받을 수 없습니다. 또한 당신이 할 수 있는 모든 선한 일을 하고, 선한 일을 할 모든 기회들을 더 많이 만들고 있다고 할지라도, 상황은 달라지지 않습니다. 여전히 당신은 거듭나야만 합니다.

거듭나지 않으면, 어떤 것도 가련한 당신의 죄악되

당신이 좋은 책을 많이 읽고, 좋은 설교를 들으며,
선한 일을 하고 있다 할지라도
가장 중요한 핵심은 거듭나야 한다는 사실입니다.

고 오염된 영혼에 선을 끼칠 수 없습니다. 당신은 성실하게 교회에 나가고, 성례를 준수하며, 개인적으로 수많은 기도를 드리고, 좋은 설교를 많이 들으며, 좋은 책들을 많이 읽는 사람일지도 모릅니다. 그러나 여전히, 당신은 거듭나야만 합니다. 당신이 거듭나지 않으면, 이 중에 어떤 것도, 또한 하늘 아래 있는 다른 어떤 것도, 당신이 지옥에 빠지지 않게 하기 위해 거듭난 삶이 차지하는 자리를 대신할 수 없습니다.

　이미 이런 하나님의 내적인 역사를 경험하지 않았다면, 지속적으로 이렇게 기도하십시오.

　"주님, 제게 주신 모든 축복에 이것을 더해 주옵소

서. 저를 거듭나게 하옵소서. 제게 거듭남의 은혜를 거두지 마옵소서. 나를 '위로부터 난 자'가 되게 하옵소서. 명성이든 재산이든 친구든 건강이든, 그 무엇이든 제게 좋게 여겨지는 것을 거두어 가시고, 오직 제게 거듭남의 은혜를 주옵소서.

성령으로 난 자가 되게 하시고, 하나님의 자녀들 중에 받아들여지게 하옵소서. 하나님의 말씀을 통해 썩지 않을 씨로 태어나게 하옵소서. 그리하여 내가 '우리 주 곧 구주 예수 그리스도의 은혜와 그를 아는 지식에서 자라가게' 하옵소서."

주님,
나는 더 이상 나의 것이 아니고 당신의 것입니다.
당신이 원하시는 것을 겪게 하시고,
당신이 원하시는 사람들과 어깨를 나란히 하게 하소서.
당신의 쓰임을 받게 하시든지
당신을 위하여 옆으로 제쳐두시든지,
당신을 위해 높이시든지 당신이 낮추시든지
뜻대로 하옵소서.
모든 것을 갖게 하시든지, 아무것도 갖지 못하게 하시든지,
저는 기꺼이 마음으로 모든 것을 주님의 기쁨과
주님의 처분에 맡깁니다.
그리고 이제,
영광스럽고 복되신 하나님, 성부와 성자와 성령이시여,
당신은 저의 전부가 되시고,
저는 당신의 것임을 고백합니다. 아멘.

_존 웨슬리

복잡한 질문

오직 각 사람이 시험을 받는 것은 자기 욕심에 끌려 미혹됨이니.
_야고보서 1:14

    마음이 진실한 많은 사람들이 종종 이런 질문에 당황합니다. "죄가 먼저인가 아니면 믿음을 저버리는 것이 먼저인가? 하나님의 자녀가 먼저 죄를 짓고 믿음을 잃게 되는 것인가 아니면 먼저 믿음을 저버렸기 때문에 죄를 짓게 되는 것인가?"

    내 대답은 이것입니다. 적어도, 마땅히 해야 할 것을 하지 않는 부작위의 죄, 어떤 내면의 죄는 믿음의 상실에 선행하는 것이 분명하다는 것입니다. 그러나 믿음의 상실은 외적인 죄에 선행하는 것이 틀림없습니다.

자신의 마음을 더 많이 시험해 보는 신자일수록 이 것을 더욱 확신하게 될 것입니다. 믿음은 사랑으로 역사하고, 경계하며 기도하는 영혼이 내면의 죄와 외적인 죄를 짓지 않도록 막아 줍니다. 하지만 그렇더라도 우리는 유혹에 빠지기 쉽습니다. 특히 정말로 우리를 괴롭히는 죄에 영향을 받기 쉽습니다.

그 영혼의 눈이 다정한 시선으로 하나님께 확고하게 고정되어 있다면, 유혹은 곧 사라져 버립니다. 그러나 하나님을 향하고 있지 않다면, 우리는 사도 야고보가 말한 것처럼, "자기 욕심에 끌려" 하나님으로부터 멀어지고(약 1:14), 현재나 앞으로 약속된 쾌락의 미끼에 걸리고 맙니다. 이렇게 되면, 우리 안에 싹튼 그 욕심은 죄를 낳습니다(약 1:15).

내면의 죄를 통해 믿음이 약해지고 그 다음에 믿음이 파괴되면서, 사탄의 덫에 걸리게 되는 것입니다. 그리하여 무엇이든 외적인 죄를 범하게 될 것입니다.

그러므로 세심하게 하나님의 음성에 귀를 기울이고 언제나 그 음성에 순종하고 있는지, 주의하여 경계하십시오.

치유: 기도로 영혼을 쏟아 놓으라

너희 자신을 시험하고 너희 자신을 확증하라.
_고린도후서 13:5

당신은 분노에 사로잡혀 하나님이 당신을 떠나시게 만듭니까? 경건치 않은 사람들 때문에 조바심을 내거나 악을 행하는 사람들을 부러워합니까? 실제로 죄를 짓거나 마음으로 죄를 범하며, 주님 안에 있는 다른 형제자매의 마음을 상하게 하지는 않습니까? 그리고 그들로부터 마음이 소원해져서 사랑의 법을 어기는 죄를 범하지는 않습니까? 주님을 바라보고 당신의 마음을 새롭게 하십시오. 이 모든 날카로움과 냉정함이 없어지고 부드러운 마음으로 용서하는 영과 함께 사랑과 평화, 기쁨이 넘쳐나게 하십시오.

어떤 어리석은 욕망에 빠진 적이 있습니까? 어떤 종류, 어느 정도의 선이든 과도하고 제멋대로이며 부적절한 애정 관계에 빠진 적이 있습니까? 그럴 때 당신의 마음에서 그 우상들을 제거하지 않는다면 어떻게 하나님의 사랑이 그 자리를 가득 채울 수 있겠습니까? "오른쪽 눈을 뽑아" 던져버릴 때까지 하나님의 빛이 회복되기를 바라는 것은 헛된 소망에 불과합니다. 그분의 성전에서 모든 우상을 몰아내십시오. 그러면 주님의 영광이 드러나게 될 것입니다.

어쩌면 당신이 계속 어둠 가운데 있는 것은 영적인 태만, 즉 노력하지 않는 것 때문일 수도 있습니다. 이전하고 똑같이 외적인 의무들을 수행하지만, 그냥 거기에 만족하고 있을 수 있습니다. 당신의 영혼이 죽어 있는 것이 이상하십니까? 당신 자신을 주님 앞에서 각성케

하십시오. 먼지를 털어내십시오. 위대하고 전능하신 하나님께 위대한 복을 받기 위해 깊이 씨름하십시오. 당신의 영혼을 기도로 쏟아 놓으십시오! 인내하며 계속 나아가십시오! 잠에서 깨어나 경계하며 깨어 있으십시오. 그러면 하나님의 빛과 생명에서 멀어지는 일은 없을 것입니다.

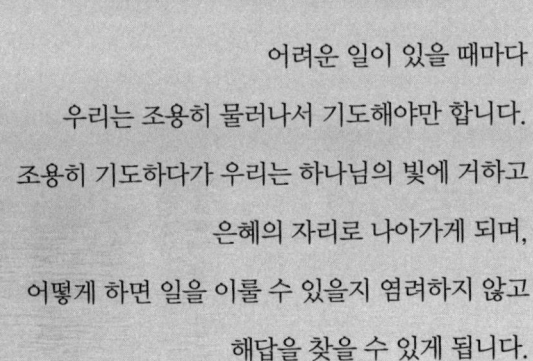

어려운 일이 있을 때마다
우리는 조용히 물러나서 기도해야만 합니다.
조용히 기도하다가 우리는 하나님의 빛에 거하고
은혜의 자리로 나아가게 되며,
어떻게 하면 일을 이룰 수 있을지 염려하지 않고
해답을 찾을 수 있게 됩니다.

_존 웨슬리

굳게 확신하라

오직 주의 말씀은 세세토록 있도다.
_베드로전서 1:25

의에 주리고 목마른 사람들에게 사탄이 주는 시험이 얼마나 큰 폭력인지는 상상하는 것보다 훨씬 더 표현하기가 어렵습니다. 그들은 시험에 들 때 강하고 밝은 빛 가운데서 자기 자신의 마음속에 있는 악함을 절망적인 시선으로 보게 됩니다. 그러나 기억해야 할 것은 성도는 그리스도 예수 안에서 더러움이 없는 거룩한 존재로 부르심을 받았다는 사실입니다.

많은 경우 그들에게는 아무런 기력이 남아 있지 않

습니다. 그리고 자신들이 얼마나 깊이 전적으로 타락했고, 하나님으로부터 얼마나 소외되어 있는지 압니다. 그런데 거룩하신 이의 영광이 얼마나 높은지도 알기에 믿음과 소망을 포기할 지경에 이릅니다. 그들은 "내게 능력 주시는 자 안에서 내가 모든 것을 할 수 있다"는 바로 그 확신을 던져 버릴 지경입니다. 하지만 오직 이 확신을 통해서만 그 약속을 받게 될 것입니다.

이런 공격을 받을 때, "나의 대속자가 살아계시니 마침내 그가 땅 위에 서실 것이라"는 말씀을 굳게 붙드십시오. 그리고 "나는 이제 그분의 보혈로 구속되었고, 죄 사함을 받았다"는 믿음 가운데 굳게 서십시오.

그리하여, 믿음 안에 있는 모든 평화와 기쁨으로 충만하여져서, 믿음이 주는 평화와 기쁨을 누리며 당신의 온 영혼이 당신을 창조하신 분의 형상으로 새로워지도록 힘쓰십시오. 그 사이에, 하나님이 위로부터 부르신 부르심의 상을 바라볼 수 있도록, 사탄이 속여서 보여 주는 대로가 아니라 그 본래의 아름다움을 볼 수 있게 되기를 계속해서 간구하십시오. 말씀을 따르지 않으면 지옥에 간다는 두려움이 아니라, 당신을 천국으로 이끌어갈 소명에 초점을 맞추고 하나님을 향해 앞으로 나아가십시오.

절실한 필요

하나님 아는 것을 대적하여 높아진 것을 다 무너뜨리고
모든 생각을 사로잡아 그리스도에게 복종하게 하니.
_고린도후서 10:5

　우리가 신자로서 이제 더 이상 변화할 필요가 없다는 견해를 갖고 있다면, 이 생각의 폐해를 막기 위해 각 사람 안에 있는 믿음과 회개의 속성을 정확히 이해할 필요가 있습니다. 왜냐하면 '건강한 자에게는 의사가 쓸데없기' 때문입니다. 우리가 스스로 이미 완전히 건강해졌다고 생각한다면, 치료를 받아야 할 필요성을 느끼지 못할 것입니다.

　반대로 우리가 아직 건강하지 않다는 사실을 확신

한다면, 구원에 능하신 하나님께 온전히 건져달라고 신음하지 않을 수 없습니다. 그리고 그분께 이렇게 간청할 수밖에 없습니다.

> 타고난 죄의 멍에를 깨뜨리셔서
> 내 영을 온전히 자유케 하소서!
> 주 안에서 내 내면이 온전히 정화되어 순전해지기까지
> 내 마음은 결코 안식할 수 없나이다.

대속의 피가 갖는 진정한 가치를 알기 위해서는 우리의 약함과 죄에 대한 깊은 이해과 더불어, 회개와 믿음에 대한 정확한 견해가 절대적으로 필요합니다. 우리가 의롭다 하심을 받은 이후에도 그 이전만큼이나 회개와 믿음이 필요하다는 것을 알기 위해 보혈의 능력을 의지해야 합니다.

위에 사신 그분이 우리를 위해 탄원하시네.
그분의 구속의 사랑, 그분의 보혈이
우리를 위해 변호하시네.

    마지막으로, 신자들이 회개와 믿음에 대한 정확한 견해를 가질 때, 자신의 능력으로 죄를 해결할 수 있는 능력이 전혀 없다는 사실을 깊이 확신하게 됩니다. 이때 우리는 예수님을 '광대하시다'고 고백할 수 있습니다. 우리의 모든 성품, 생각과 말과 행동을 통해 순종하며 나아가야 합니다.

하나의 수단으로 더하여진 믿음

여호와 하나님이 아담을 부르시며 그에게 이르시되.
_창세기 3:9

믿음이, 일반적인 의미에서조차, 에덴동산에서 어느 정도의 가치가 있었는지는 확실하지 않습니다. 창세기에 기록된 기사를 보면, 아담은(하나님께 범죄하기 전에) 눈으로 보면서 하나님과 동행했던 것이지 믿음으로 동행했던 것은 아니라고 할 수 있습니다.

그때에 그의 이성의 눈은 맑고 강해서,
독수리가 태양을 바라볼 수 있는 것처럼

지적 존재인 천사들이 할 수 있었던 것만큼이나
창조주의 얼굴을 아주 가까이에서 볼 수 있었네.

　에덴동산에서 아담은 하나님과 얼굴을 마주하며 대화할 수 있었지만, 이 시대의 우리는 하나님의 얼굴을 직접 볼 수가 없습니다. 하나님의 얼굴을 직접 보는 사람은 죽게 되기 때문입니다. 결과적으로 에덴동산에서의 아담은 시력의 결핍을 대체해야 할 믿음이 필요하지 않았습니다.
　다른 한편, 특별한 의미에서의 믿음이 에덴동산에서 굳이 필요하지는 않았다는 것은 매우 분명합니다. 왜냐하면 그 특별한 의미에서, 믿음은 죄와 죄인들에게 선포하시는 하나님의 진노를 전제로 하기 때문입니다. 인간이 죄를 짓지 않았다면 하나님과 화해할 수 있게 하기 위한 죄에 대한 속죄도 필요하지 않기 때문입니다.
　타락 이전에는 속죄가 필요하지 않았고, 따라서 속

죄에 대한 믿음도 설 자리가 없었습니다. 그때에 사람은 모든 오염된 죄로부터 깨끗했고, 하나님이 거룩하신 것처럼 거룩했습니다.

그리고 에덴동산에서는 사랑이 인간의 마음을 가득 채웠고, 다른 경쟁 대상이 없이 온전히 그 마음을 지배했습니다. 그러나 죄로 인해 사랑이 상실되었을 때, 믿음이 더하여졌습니다. 믿음은 그 자체를 위한 것이 아니라 사랑의 법을 다시 세우기 위한 수단으로 더하여진 것입니다.

하나님과 교통하는 새로운 삶

그리스도 예수 안에서… 지으심을 받은 자니.
_에베소서 2:10

거듭난 사람은 새로운 삶을 살게 되었습니다. 하나님은 성령으로 그를 생기 있게 하십니다. 그는 예수 그리스도를 통하여 영적 생명을 소유하게 되었습니다. 그는 세상이 알지 못하는 생명, '그리스도와 함께 하나님 안에 감추어진' 생명으로 살아갑니다. 하나님은 계속해서 그에게 생기를 불어넣으시고, 그 영혼은 영적 호흡을 계속해서 하나님께 숨 쉬며 반응합니다. 은혜가 그 마음에 내려오고, 기도와 찬송이 하늘로 올라갑니다. 하나님과 인간의 이런 교통, 아버지와 아들의 이런 교제를 통하여, 그 영혼 안에 있는 하나님의 생명이 유지됩니다. 하나님의 자녀는 그리스도의 장성한 분량이 충만한 데까지 이르도록 성장합니다(엡 4:13 참조).

거듭난 속성은 하나님이 그 영을 생명으로 이끄실 때, 그를 죄의 죽음에서 구원하셔서 의의 생명으로 옮기실 때 그 영 안에서 일으키시는 위대한 변화라는 것을 압니다. 이 변화는 그리스도 예수 안에서 새로 지으심을 받고, 의와 진리의 거룩함에 있어서 하나님의 형상을 따라 새로워지는 것입니다. 전능하신 하나님의 성령으로 인하여 그 온 심령에 일어나는 전적인 변화입니다(엡 4:24 참조).

거듭나면 세상의 사랑이 하나님의 사랑으로 변화됩니다. 교만한 사람이 겸손한 사람으로 변화되고, 격정적인 성격을 가진 사람이 온화한 사람으로 변화됩니다. 증오하고 질투하며 악한 마음으로 살았던 사람이 모든 사람에게 부드럽고 진실한 사랑으로 대하기 시작합니다. 한마디로 말해서, 세속적이고, 감각적이며, 사악한 마음을 가진 사람이 그리스도 예수 안에 있었던 온전한 성품으로 바뀌는, 신적 변화입니다. 이것이 새로운 출생의 속성입니다. "성령으로 난 사람도 다 그러하니라"(요 3:8).

하나님께 부름받은 삶

높은 마음을 품지 말고 도리어 두려워하라.
_로마서 11:20

선하신 하나님은 우리보다 앞서 가시며 복을 주십니다. 그분은 먼저 우리를 사랑하시며 우리에게 자신을 나타내 보여 주십니다. 우리가 아직 멀리 있을 때에, 그분은 우리를 가까이 부르시고 우리 마음에 빛을 비춰 주십니다.

그러나 그때에 우리가 먼저 우리 자신을 사랑하신 그분을 사랑하지 않거나 그분의 음성을 듣지 않으려고 하면 문제가 생깁니다. 그분으로부터 눈을 돌리고 그분이 우리에게 비춰 주신 빛을 주목하지 않는다면, 성령께서 언제까지나 우리와 함께하지는 않으실 것입니다(창 6:3 참조). 그분은 점차 뒤로 물러나시고 우리의 마음은 어둠 속에 빠져들 것입니다.

우리 영혼이 그분을 향해 다시 반응하며 숨쉴 수 있어야 합니다. 우리는 사랑과 찬양과 기도, 마음의 생각과 말과 수고를 끊임없이 그분께 돌려드려야 합니다. 우리의 몸과 영과 혼을 하나님이 받으실 만한 거룩한 산 제물로 드리지 않는다면(롬 12:1 참조), 하나님이 계속해서 우리 영혼에 생기를 불어넣지는 않으실 것입니다.

"높은 마음을 품지 말고 도리어 두려워하라"(롬 11:20)는 위대한 사도의 가르침을 가슴에 새기십시오. 죽음이나 지옥보다 죄를 더 두려워하십시오. 경계심을 갖고 두려워하십시오. 그렇지 않으면 우리는 우리 자신의 기만적인 마음에 의지하게 될 것입니다. "그런즉 선 줄로 생각하는 자는 넘어질까 조심하라."

지금은 하나님의 은혜 안에서 세상을 이길 만한 믿음 안에 굳게 선 사람이라 할지라도, 언제든 내면의 죄에 빠져서 '믿음에서 난파' 할 수 있는 가능성이 있습니다. 그렇게 되면 외적인 죄들이 다시 그를 지배하게 되는 것은 시간문제입니다! 그러므로 경계하여, 쉬지 말고, 언제나, 어디서나, 당신의 마음을 하나님 앞에 쏟아 놓으며 기도하십시오! 그러면 항상 사랑 가운데 믿음 위에 서서 결코 죄에 빠지지 않게 될 것입니다!

하나님의 생명을 받은 영

너희는 장차 올 이 모든 일을 능히 피하고
인자 앞에 서도록 항상 기도하며 깨어 있으라.
_누가복음 21:36

하나님이 성령의 감동으로 신자의 영에 계속해서 생명을 불어넣으면 신자의 영에 있는 하나님의 생명은 즉각적으로 반응합니다. 하나님께 기도하고 사랑의 찬양을 올려드리며 적극적으로 반응하게 됩니다.

이로부터 우리는, 영이 지속적으로 거룩한 생명을 유지하기 위해서는 그 영이 계속해서 하나님께 반응해야만 한다는 절대적인 필연성을 추론할 수 있습니다. 그 영이 계속해서 하나님께 반응하지 않으면 하나님도 계

지속적으로 건강한 영을 유지하기 위해
집중적으로 기도하며
하나님이 주신 은사를 사용하십시오.

속해서 그 영에 일하지 않으신다는 것이 분명한 사실이기 때문입니다.

　사도 요한이 선포한 것처럼, 하나님의 위대한 진리는 굳게 서서 흔들리지 않습니다. 그럼에도 불구하고 어떻게 다윗과 바나바, 베드로와 같은 하나님을 믿는 신자가 굳건한 믿음으로부터 견해를 바꾸어 돌아서는 경우가 생길까요?

　그것은 그들 각 사람에게 충만했던 하나님의 은혜로 자신을 지키지 않을 때 발생합니다. 그들은, 한 걸음 한 걸음, 먼저 소극적인 내면의 죄에 빠져, "그들 안에 있는 하나님의 은사를 사용하지" 않고, "정신을 차리고 기도하지" 않습니다.

그리고 "위로부터 부르신 부르심의 상을 위하여 푯대를 향하여 달음질하지" 않습니다. 그러면 자연스럽게 마음이 사악한 생각으로 기울어지고, 악한 욕망이나 성정에 길을 내주면서, 내면의 죄로 깊이 빠져들게 됩니다.

그 다음에 믿음을 잃고, 용서하시는 하나님을 보는 눈이 어두워지며 마침내, 하나님의 사랑을 잃어버리게 됩니다. 이렇게 될 때, 연약해져서 다른 사람과 마찬가지로, 외적인 죄를 짓게 되는 것입니다.

"쉬지 말고 기도하라"는 하나님의 명령은
우리 영혼이 하나님의 생명을 보존하기 위해
그분의 은혜가 필요하다는 사실에 기초하고 있습니다.
우리 몸은 공기가 없으면 살 수 없습니다.
그러나 그보다 더하게,
우리 영혼은 은혜가 없이는 한순간도 생존할 수 없습니다.

_존 웨슬리

영혼의 근심

너희가 이제 여러 가지 시험으로 말미암아
잠깐 근심하게 되지 않을 수 없으나.
_베드로전서 1:6

광야에 거할 때 느끼는 마음의 어두움과 신자들이 일반적으로 겪는 영혼의 근심 사이에는 밀접한 관계가 있습니다. 이 두 개의 감정은 너무 비슷해서 종종 혼동을 일으킵니다. 그러나 그것은 서로 상응하는 용어가 아닙니다. 절대로, 어울리는 감정이 아닙니다. 그 차이는 아주 크고 본질적인 것입니다. 그러므로 하나님의 자녀들은 이 차이를 이해하고 근심에서 어두움으로 미끄러지지 않도록 주의해야 합니다.

사도 베드로는 그 당시 신자들에게 "너희가 이제 여러 가지 시험으로 말미암아 잠깐 근심하게 되지 않을 수 없으나"라고 말합니다. 그러나 그 전에 "너희는… 구원을 얻기 위하여 믿음으로 말미암아 하나님의 능력으로 보호하심을 받았느니라"(5절)고 분명히 말합니다. 그리고 이 말씀을 한 후에 '믿음의 연단'을 언급하고(7절), 또다시 그들이 '믿음의 결국 곧 영혼의 구원'을 받을 것을 말합니다(9절). 그러므로 비록 근심에 빠져 있기는 하지만, 그들은 살아 있는 믿음을 가지고 있었습니다.

그들의 근심은 그들의 믿음을 파괴하지 않았습니다. 그것은 또한, 살아 있고 진실한 믿음과 불가분의 관계에 있는 그들의 평강을 깨지도 않았습니다. 사도는 '은혜와 평강이' 단지 그들에게 주어지기만 하는 것이 아니라, 그것이 "더욱 많을지어다"라고 기도합니다(2절).

그들은 또한 살아 있는 소망으로 충만했습니다. 사도가 쇠하지 아니하는 유업을 이을 그들의 산 소망에 대해 말하고 있는 것을 보면 알 수 있습니다. 그들이 근심하고 있음에도 불구하고, 그들은 여전히 죽지 아니할 것에 대한 충만한 소망을 견지하고 있었습니다. 그리고 그들은 여전히 "말할 수 없는 영광스러운 즐거움으로 기뻐"하였습니다(8절). 그때에 그들의 근심은 산 소망과 말할 수 없는 기쁨이 되었습니다.

최후의 도전

세상으로 아버지께서 나를 보내신 것을 믿게 하옵소서.
_요한복음 17:21

그리스도의 이름의 비밀을 가진 사람은 험담을 하거나 소문을 퍼뜨리는 일을 하지 말아야 합니다. 그리고 수군거리는 일을 버려야 합니다. 험담이나 소문을 퍼뜨리는 일, 수군거리는 일 가운데 어느 하나라도 당신의 입에서 거론되지 않게 하십시오! 그 어떤 사람에 대해서도 악한 것을 말하지 마십시오. 선한 말이 아니라면 그 자리에 없는 사람에 대해 아무것도 말하지 마십시오.

다른 사람과 구별되고 싶다면, 다음과 같은 말이 당

신을 나타내는 표징이 되게 하십시오. "그는 뒤에서 누군가를 비난할 사람이 아닙니다." 이것은 자기부정의 복된 효과를 우리 마음에 느끼게 하는 말입니다! 이런 평가를 받게 된다면 우리 마음에 얼마나 강 같은 평화가 흐르게 되겠습니까! 또한 그 사랑을 형제자매들에게 이와 같이 확증할 때에 하나님의 사랑이 우리 영혼에 얼마나 풍성하게 넘치겠습니까! 그리고 예수 그리스도의 이름을 믿는 이들에게 어떤 결과를 가져오겠습니까! 관계를 파괴하는 이 거대한 장애물이 제거되었을 때 형제자매에 대한 사랑이 얼마나 막힘없이 전달되겠습니까!

그러나 이것이 전부가 아닙니다. 선한 말을 하는 것이 거칠고 무분별한 세상에 어떤 결과를 가져오겠습니까! 세상 사람들은 자기와 같은 부류의 사람들 중에서는 전혀 발견할 수 없었던 것을 속히 그리스도인에게서 발견하고는 이렇게 외치지 않겠습니까? "그리스도인들이 서로 얼마나 사랑하는지 보십시오!"

하나님은 그리스도의 선한 말을 통해 세상을 설득하시고 또한 하나님 나라를 위해 그들을 준비시키십니다. 예수님은 마지막에 이런 기도를 하셨습니다. "내가 비옵는 것은… 그들의 말로 말미암아 나를 믿는 사람들도 위함이니… 세상으로 아버지께서 나를 보내신 것을 믿게 하옵소서"(요 17:20-21).

이 엄숙한 기도에 나타난 놀라운 말씀을 통해 우리도 기도를 배우게 됩니다. "주님, 그리스도께서 우리를 사랑하신 것같이 우리가 행함과 진실함으로 서로 사랑하게 하시고, 그때를 서둘러 주옵소서."

시대를 바꾼 존 웨슬리의 기도

초판 1쇄 펴낸 날 2010년 6월 15일
초판 2쇄 펴낸 날 2010년 10월 11일

지은이 존 웨슬리
옮긴이 강선규
펴낸이 우수명
펴낸곳 도서출판 NCD
등록번호 제 129-81-80357호 **등록일자** 2005년 1월 12일
등록처 경기도 고양시 일산구 장항동 578-16 나동

ISBN 978-89-5788-139-2

도서출판 NCD
주소 서울시 강남구 대치동 943-13 윤천빌딩 3층
주문 | 영업부 | (일산) 031-905-0434, 0436 팩스 031-905-7092
본사 | 편집부 | (강남) 02-538-0409, 3959 팩스 02-566-7754
한국 NCD | 지원 · 코칭 | 02-566-7752 팩스 02-566-7754
NCD몰 | www.ncdmall.com

- 책값은 뒤표지에 있습니다.
- 잘못된 책은 구입하신 서점에서 교환해 드립니다.
- 책 내용에 대한 문의나 출간을 의뢰하는 원고는 editor@asiacoach.co.kr로 메일을 보내주십시오.

종이 페이퍼릿 **출력** 대산아트컴 **인쇄** 한국소문사 **제책** 정성문화사

교회를 건강하게 성장하도록 돕는 도서출판 NCD

도서출판 NCD는 '자연적으로 성장하는, 더 좋고 많은 교회 번식 운동'을 펼치고 있는 한국 NCD와 이와 관련된 기관들의 사역을 문서로 지원하는 출판사입니다.
한국 NCD는 현재 전 세계 6대주 66개국 10,000교회 4,200만 자료로 검증된 설문 조사 자료를 토대로 하여 한국에서 8가지 질적 특성을 중심으로 교회의 건강을 진단할 뿐만 아니라 더 많은 교회들이 건강하게 세워질 수 있도록 지속적으로 자료 및 도구 제공, 훈련, 세미나, 컨설팅, 코치 사역, 세계 선교, 지역 및 정보 네트워크를 통해 사역하고 있는 국제적인 전문 사역 기관입니다.